ROSAURA A LAS DIEZ

THE SCRIBNER SPANISH SERIES

General Editor, Juan R.-Castellano, Duke University

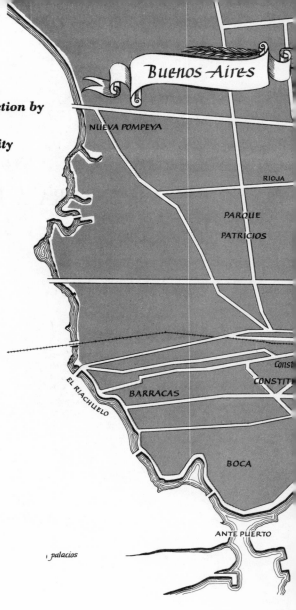

Edited with an Introduction by
DONALD A. YATES
Michigan State University

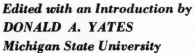

CHARLES SCRIBNER'S SONS
New York

Rosaura a las diez

MARCO DENEVI

DRAWINGS BY MARILYN MILLER

26 28 30   31 29 27 25

Printed in the United States of America
ISBN   0-02-328440-4

Library of Congress Catalog Card Number 64-17212

CONTENTS

A PREFATORY NOTE
TO THE READER

THE VOCABULARY OF *Rosaura a las diez* IS RICH, colloquial, and spiced with words and expressions that give it the individual flavor of the Spanish spoken in the Argentine Republic. It is by no means, however, a regional novel from the standpoint of dialect or profuseness of *argentinismos*. It is written, rather, in a standard, colloquial Spanish relatively free of uncommon terms requiring clarification in footnotes. The *voseo* form of familiar address, which *is* regional and peculiar to informal Argentine speech, figures only slightly—toward the end of the novel—and there appropriate footnotes are given.

The student will find an abundant final vocabulary at the back of the book; but it is by no means a complete one. The criteria for exclusion of words from this vocabulary are listed on the page immediately preceding the first entries. (These criteria should be referred to before the novel is begun.)

The main group of words omitted—purposely, it should be stated here—are the English-language cognates or, to put it another way, the "guessable" words. The object, of course, is to begin early in your reading of Spanish prose to make *educated* guesses.

From the outset, the student should be able to identify the superlative adjectives (ending in **-ísimo, -ísima,** etc.) of which there are a great many in this novel, especially in the speech of Señora Milagros who narrates the first half of the book. He should be able to spot the diminutive noun forms (ending in **-ito**, etc.) and the augmentative noun forms (ending in **-ón**, **-ona**, etc.). And he should be on the alert for words (especially verbs) built on other words that are likely already familiar. Two examples would be *detener* (where the *tener* contributes the common English stem "-tain") and *suponer* (where the *poner* in English usually has the corresponding form of "-pose"). Vocabulary building based on the observation of the characteristics of Spanish word-building is an immensely handy technique and one of the easiest to acquire.

The second-year level student, similarly, should be aware of the fundamental limits of standard Spanish articulation and of how these limits are reflected in the spelling of the language. He should be able to spot, for example, the "strict" wedged in between the "e" and the "a" in *estricta*; and, moreover, he should be able to account for the presence of that "e" and that "a". He will read with a lot more ease and enjoyment if he can.

To teach one to read with ease is one of the principal aims of this text. To this end, the student will occasionally find himself referred to his own resourcefulness in the case of words he will want to look up, but will not find in the vocabulary. If a given word is not in the vocabulary, its absence—excluding editorial oversight—is owing to the fact that 1) it has been assumed to be a word familiar to the average second-year level student, or 2) it is a "guessable" word.

When the vocabulary at the back of the book fails, one should try again to figure the meaning from either the term's similarity to a word in English or from its context in the sentence. In this last respect, it is best not to look up an unknown word as soon as it is encountered, but to read ahead a bit, because the next word or two may well solve the problem. The important thing is to provide *something* for each unfamiliar word, and then at a later time confirm this guess or have it confirmed in class. Following all of these vocabulary tips, one cannot help but find the reading that lies ahead pleasant and richly rewarding.

To give the reader an idea of what kind of words he should be able to guess, there is given below a list of cognates taken from Chapter One of *Rosaura*. There are many others in this chapter, but they have been excluded from the list because their meanings are immediately apparent.

Sample Cognates from Chapter One

Verbs: contemplar, perdonar, producir, seleccionar, significar
Nouns: catedral, cemento, compañero, duque, fonógrafo, marqués, precio, provincia, uso, vehemencia, violeta
Adjectives: anticuado, común, distinguido, enorme, inofensivo, nervioso, prohibido, prudente, ridículo
Adverbs: mutuamente, repetidamente
Examples of word-building: contener, desconocido, descuidar, desocupado

INTRODUCTION

I *The Novel and its Author*

MARCO DENEVI'S *Rosaura a las diez* comes to the classroom with an already established reputation as one of the most successful Latin American novels of the past decade. Published in 1955 as the first prize winner in the Guillermo Kraft novel competition of that year, it has had a total of seven subsequent reprintings under the Editorial Kraft imprint. It has served as the basis for a highly regarded Argentine film of the same name, and has been presented, in dramatic form, on the Buenos Aires stage.

This constitutes a notable degree of success, especially when one considers that this was the author's first novel. What is even more striking is the fact that *Rosaura a las diez* was the first story Marco Denevi ever wrote. As he confessed in the preface to the Kraft edition, "its first paragraph was my first paragraph, its first word was . . . my début as a writer." The author's success, however, did not end with *Rosaura.* He subsequently wrote a prizewinning one-act play, *El emperador de la China* (which was given an excellent production at the outdoor Teatro Botánico in Buenos Aires); a prizewinning three-act satirical drama dealing with Argentine bureaucracy, *Los expedientes*; several prizewinning short stories; and, more recently, a series of short, satirical fables which have appeared in the most prominent Argentine newspaper supplements and magazines and which have established him as one of the most gifted young writers to have appeared on the River Plate literary scene in recent years. But perhaps his most publicized success to date has been the awarding of the $5,000 first prize in the first *Life en Español* short story contest (sponsored by the Spanish-language edition of *Life* magazine) to his long, poetically haunting story, "*Ceremonia secreta*".

Denevi, who was born in 1922 in the Buenos Aires suburb of Sáenz Peña, today holds a job in the National Postal Savings Bank, the same organization he was working for during the composition of *Rosaura*. At the present time, he is at work on a new novel which he considers to be the most important and most ambitious project he has undertaken since he woke up one morning in 1955 to find himself famous and suddenly a "writer."

While he has demonstrated two distinct attitudes as a writer—that of the spellbinding "teller of tales" of *Rosaura* and "*Ceremonia secreta*" and that of the satirical moralist of *Los expedientes* and the fables—Denevi acknowledges only a single dominant literary influence: that of the nineteenth-century English author and close friend of Charles Dickens, Wilkie Collins. While Collins' present-day reputation has not acquired the dimensions of that of Dickens, his two genuine "classics," *The Woman in White* (1860) and *The Moonstone* (1868), are widely known and read, especially by serious and dedicated *aficionados* of detective literature. (T. S. Eliot has called *The Moonstone* "the first, the longest, and the best of detective novels.") If *Rosaura*, then, is a marvel of plotting and suspenseful narration, Denevi will insist that much credit is due to the seldom-remembered Wilkie Collins.

And, to the great fortune of readers past, present, and future, *Rosaura a las diez* IS a marvel of plotting and narration, and as such it provides the ideal basis for a Spanish-language reader designed for the second-year level. Because the novel has great immediate appeal and readability on its own merits as a work of highly entertaining fiction, because its literary worth and importance in the history of Argentine literature are indisputable, because it is written in a lively, rich, colorful Spanish idiom of today, because fundamentally it presents the student with five fascinating people instead of merely one isolated manifestation of Spanish prose, it has been possible to make of *Rosaura* both an entertaining reader and a language-learning text.

II *The Text and its Aims*

Rosaura a las diez is intended to provide an intensive experience in reading Spanish. If its special merits are to be realized, the intent of the student should not be that of accomplishing a word-by-word translation of the original (although, naturally, the novel can be employed in this way). Rather it should best serve to provide an experience in grasping ideas in the foreign language, in feeling tones and subtleties in speech, and in responding to the novel's characterizations on a person-to-person level, with the awareness of the presence of any language barrier reduced to the absolute minimum. The novel itself contributes substantially toward this end. The dramatic movement of the story is so natural and unforced and the suspense is so carefully aroused and sustained, that the student will likely be drawn ahead by the action of the *story* itself— the best reading motivation there is. The desire to "feel" the meaning of the prose is naturally provoked. And the student who becomes involved in the story is apt to "get inside" the prose in short order.

For example, once he becomes familiar with the character of Milagros and her manner of speech, he will probably be able to sense the full meaning behind a sentence like "Fue un caso de esos que salen en las novelas" without actually carrying out a word-for-word translation of the Spanish words and then reassembling the resulting English into acceptable form.

It does not seem unreasonable to assume that it is desirable to feel the meaning of a Spanish sentence without first having had to decode it. Conscious translation which parallels reading represents, after all, an intermediate step in the process of learning to read Spanish easily, efficiently, and enjoyably. While occasional Spanish-to-English translation has its merits—from the teacher's standpoint—as a means of checking comprehension, its extensive employment by the student will find him ultimately accustomed to performing a bilingual literary trick which has little to do with the linguistic discipline one would hope to instill in him at the second-year level. And the student acquires bad habits.

The second year of a language is a critical period. It is at this stage that the student is best prepared to "get inside" the language. If this subtle and admittedly difficult accomplishment is put off too long, he may form the dogged habit of thinking his way in English through a page of Spanish prose. If he acquires this habit, he may never make the desired "escape" into the realm of the Spanish language where English counterparts have only a marginal importance.

In short, it is hoped that in the reading of this novel the student will strive for the ability to "receive" in Spanish.* With time and application, it will come. And what the student will gain as a result will bring him closer to that elusive goal which is most commonly referred to as "thinking in Spanish."

III *The Exercises*

This classroom edition of *Rosaura a las diez* is an abridged form of the original. Much care, however, has been taken to preserve intact the basic outline and development of the novel. The prose of this edition is authentic, since it has not been rewritten or simplified in any way.

The specific purposes of the exercises prepared to accompany the reading are as follows.

The *cuestionario* is aimed specifically at 1) providing occasion for the student to make active use of the new vocabulary of each section, and 2) testing comprehension of the most significant points of the novel. The questions, therefore, are not merely questions for their own sake; the answers are vital to the full understanding and appreciation of the story.

Exercise A (Multiple-tense Translation Drill) has been designed to bring into active use some of the more useful and common verbal expressions or idioms found in the corresponding sections of the novel. The object of requiring the use of each expression in two tenses has been to increase

* For specific tips on attaining this goal, see the Prefatory Note to the Reader.

the possibility of mastering the new verbal idea as well as to allow, in some cases, the presentation of more than one English rendering.

Exercise B (Drill on New Expressions) is built around the more useful essentially non-verbal expressions found in the novel. Exercises A and B employ the technique of English-to-Spanish translation in acknowledgment of the fact that this is the direction of linguistic orientation assumed by the student who is learning to express himself in the new language.

Exercise C (Sentence Completion Exercise) is, in part, creative in that it requires the student to *compose* in Spanish, within the specific grammatical limits prescribed by the sentence fragment which he is to complete.

Exercise D (Literary Topics for Discussion), which deals with the novel as a novel, places emphasis on literary analysis. By constantly urging an objective, critical consideration of *Rosaura*, it undertakes to interest the student in making his own evaluation of the merits of the novel as a work of fiction.

Exercises B, C, and, in a less direct fashion, Exercise A, constitute an informal review of the basic principles of Spanish grammar. These exercises will serve to call into use most of the grammatical principles the student has previously learned. Also brought into *active* use is much of the vocabulary of *Rosaura*. This is accomplished by including in any given set of review exercises verbs, nouns, and non-verbal expressions previously introduced in the text and drilled on in earlier sections.

Finally, it is the editor's hope that conversation in Spanish will be a natural by-product of the reading of this novel. It is his feeling that this reader provides both provoking and stimulating subject matter to discuss as well as a broad, colorful, new vocabulary in which to discuss it. Indeed, for the serious student who is eager to learn, Marco Denevi's *Rosaura a las diez* is a veritable gold mine.

D. A. Y.

Buenos Aires, Argentina
1963

I

DECLARACIÓN DE LA SEÑORA MILAGROS RAMONE-
DA, VIUDA DE PERALES, PROPIETARIA DE LA HOS-
PEDERÍA LLAMADA "LA MADRILEÑA", DE LA CA-
LLE RIOJA, EN EL ANTIGUO BARRIO DEL ONCE.

I

TODO ESTO COMENZÓ, SEÑOR MÍO, HARÁ UNOS SEIS MESES,[1] aquella mañana en que el cartero trajo un sobre rosa con un detestable perfume a violetas.

O quizá no, quizá será mejor que diga que empezó hace doce años, cuando vino a vivir a mi honrada casa un nuevo huésped que confesó ser pintor y estar solo en el mundo.

Aquéllos eran otros tiempos, ¿ sabe usted?, tiempos difíciles, sobre todo para mí, viuda y con tres hijas pequeñas. Los pensionistas escaseaban, y los pocos que había estaban hoy en una pensión y mañana en otra y en todas dejaban un clavo,[2] o, apenas usted se descuidaba,[3] le convertían su honrada casa en un garito o alguna cosa peor, de modo que a los dueños de hospederías decentes nos era necesario, si queríamos conservar la decencia y la hospedería, un arte nada fácil, ahora desconocido y creo que perdido para siempre: el arte de atraer, seleccionar y afincar, mediante cierta fórmula secreta, hecha a base de familiaridad y rigor, una clientela más o menos honorable.

Había que estar en guardia con los estudiantes de pro-

---

[1] **hará . . . meses** around six months ago
[2] **dejaban . . . clavo** left without paying
[3] **apenas . . . descuidaba** as soon as you looked the other way

vincias, gente amiga de trapisondas,[1] muy alegre, sí,
muy simpática, pero que después de comerle el grano y
alborotarle el gallinero,[2] se le iba una noche por la ventana
y la dejaban a una, como dicen, cacareando y sin plumas;[3]
5 y también con esas damiselas que, vamos,[4] usted me entiende, que se acuestan al alba y se levantan a la hora del
almuerzo, y usted se pregunta de qué viven, porque
trabajar no las ve;[5] y aun con ciertos caballeros solos y
distinguidos, como ellos mismos se llaman, de los que pre-
10 fiero no hablar.

   Pero el hombre que aquella mañana vino a llamar a la
puerta de mi honrada casa me pareció, a primera vista,
completamente inofensivo. Era el mismo hombrecito
pequeñín y rubicundo que usted conoce, porque, ahora
15 que caigo en ello,[6] le diré que los años no han pasado para
él. La misma cara, el mismo bigotito rubio, las mismas
arrugas alrededor de los ojos. Tal cual usted lo ve ahora,
tal cual era en aquel entonces. Entonces era poco más que
un muchacho, pues andaría por los veintiocho años.[7]

20   La primera impresión que me produjo fue buena. Lo
tomé por procurador, o escribano, o cosa así, siempre
dentro de lo leguleyo.[8] No supe en un primer momento de

---

[1] **gente ... trapisondas** chaps addicted to horseplay
[2] **después ... gallinero** after eating your food (grain) and upsetting the
household (chicken coop)
[3] **cacareando ... plumas** clucking and with your feathers plucked
[4] **vamos** well, now
[5] **porque ... ve** because you never see them working. (*An inversion in
word order characteristic of Milagros' colorful and sprightly manner of
speech.*)
[6] **ahora ... ello** now that I think about it
[7] **andaría ... años** must have been about 28 years old
[8] **procurador ... leguleyo** solicitor, or actuary, or something of the sort
—some kind of petty lawyer

dónde sacaba yo esa idea. Quizá de aquel enorme sobretodo negro que le caía, sin mentirle, como un cajón de muerto.[1] O del anticuado sombrerito que, cuando salí a atenderlo, se quitó respetuosamente, descubriendo un cráneo en forma de huevo de Pascua,[2] rosado y lustroso y adornado con una pelusilla rubia. Otra idea mía: se me antojó que el hombrecito estaba subido a algo. Después hallé la explicación. Calzaba unos tremendos zapatos, los zapatos más estrambóticos que he visto yo en mi vida, y unas suelas de goma tan altas, que parecía que el hombrecito había andado sobre cemento fresco y que el cemento se la había quedado pegado a los zapatones. Así quería él aumentarse la estatura, pero lo que conseguía era tomar ese aspecto ridículo del hombre calzado con tacos altos, como dicen que iban los duques y los marqueses en otros tiempos.

Además, se veía que el hombrecito andaba como un obispo in pártibus,[3] quiero decir, sin casa y sin comida. En efecto, traía consigo una valija de tamaño descomunal, toda llena de correas, de broches, de manijas,[4] y tan enorme, pero tan enorme, que en un primer momento sospeché que algún otro se la había traído hasta allí, dejándolo solo con ella, como a un enano junto a una catedral.

Con una vocecita aguda me preguntó:

—¿Aquí, este,[5] aquí alquilarían un cuarto con pensión?

Y esto me lo preguntaba debajo de un gran letrero rojo que decía: Se alquilan cuartos con pensión.

---

[1] **que . . . muerto**   which fit him, no fooling, like a coffin

[2] **huevo . . . Pascua**   Easter egg

[3] **in pártibus**   in hostile territory

[4] **valija . . . manijas**   a suitcase of enormous proportions covered with straps and buckles and handles

[5] **este**   *This is the most common Spanish sound signifying "er" or "uh"— the meaningless vocalized pause.*

—Sí, señor —le contesté.

—¡ Ah! —dijo, y se quedó callado, dando vueltas al sombrerete entre las manos y mirando para todos lados, como si buscase quién viniera a proseguir la conversación

5 por él.[1] Como no estábamos más que él y yo, al cabo de unos minutos opté por ser yo la que continuase hablando.

—¿ Usted quiere alquilar una pieza?

—Este, sí, señora.

—¿ Toda la pieza para usted?

10 —Este, sí, señora.

—Quiero significarle, ¿ sin compañero? (Esto por pura fórmula, ya que en aquel entonces[2] tenía varios cuartos desocupados.)

—Sí, señora.

15 —¡ Ah! —dije, y aquí me pareció oportuno quedarme a mi vez callada y mirarlo fijamente.[3]

Él puso cara de intenso sufrimiento e hizo como que miraba a una y otra esquina de la calle.[4] Pero a mí con ésas.[5] El revoleo de ojos a izquierdas y derechas era sólo un

20 pretexto para poder pasarme rápidamente la vista por la cara y espiar qué es lo que haría. Pero yo no hacía nada, sino mirarlo. Así nos estuvimos un buen rato, los dos de pie, él en la vereda, yo en el umbral de la puerta, sin hablar y estudiándonos mutuamente. "Vamos a ver quién gana",

25 pensaba yo. Pero el hombrecito seguía mudo y vigilando las esquinas, como si deseara irse y yo no lo dejase.[6] El

---

[1] **como ... él**   as if he were looking for someone to come and continue the conversation for him

[2] **en ... entonces**   at that time

[3] **quedarme ... fijamente**   to remain quiet myself and stare at him

[4] **Él ... calle.**   His face took on a pained expression and he acted as if he were scanning from one street corner to the other.

[5] **Pero ... ésas.**   But he didn't fool me.

[6] **como ... dejase**   as if he wanted to leave and I wouldn't let him

sombrero giraba entre sus manos. Y aunque la mañana
era fría, el sudor comenzó a correrle por la frente. Cuando
su cara fue ya la cara de un San Lorenzo que empieza a
sentir el fuego de la parrilla donde lo asan,[1] tuve piedad.

—¿ Su profesión? —le pregunté.

Dio un larguísimo suspiro, como si durante todo aquel
tiempo hubiera estado conteniendo el aliento, y:

—Pintor —contestó.

Vea usted, jamás habría sospechado yo que un hombrecito vestido con aquel sobretodo negro pudiese ser
pintor.

—Pero —dije—, ¿ pintor de cuadros o de paredes?

—Este, ah, de cuadros —y lanzó una risita nerviosa,
como si hubiera confesado una picardía.

Su respuesta no me gustó nada. Un pintor de paredes
es un pintor, y éste es un honrado oficio. Pero un pintor
de cuadros se piensa que, además de pintor, es artista y,
lo que es más grave, se piensa que ha de vivir de su arte.
Y usted ya sabe el mucho daño que han causado a las
hospederías el arte y los artistas.

Él debió de leer en mi cara, porque no soy persona que
disimule sus sentimientos, la poca gracia que me había
producido conocer su profesión, pues la risita se le cortó
como por ensalmo y se puso más rojo que una grana.[2]

—¿ Es usted solo? —continué, a ver si por ese lado le
hallaba alguna cosa buena.

—Sí, señora.

—Soltero, claro está.

—Sí, señora —y otra vez enrojeció.

—¿ No tiene parientes?

---

[1] **cara ... asan** face of a St. Lawrence who is beginning to feel the
heat of the fire that they're roasting him on
[2] **se ... grana** he turned redder than a beet

—No, señora, no.

—¡Cómo! ¿Ni un pariente?

—Oh, no, señora.

—Vamos, vamos, alguna tía vieja, ¿eh?, algún primo
5 lejano, ¿no es cierto?

—No, no, nadie. Estoy —se miró las uñas— estoy solo
en el mundo.

Y otra vez puso cara de sufrimiento.[1] Vamos, saberlo
solo en el mundo algo mitigaba el mal efecto que me había
10 causado su malhadada profesión. Y él debió de compren-
derlo así, porque se puso a negar que tenía familia, amigos,
hasta simples conocidos, con tanta vehemencia, como si
negase haberme robado la cartera o asesinado a mis hijas.
El pobre, evidentemente, deseaba conquistarse mi simpatía,
15 y una dueña de casa de huéspedes tenía en aquellos tiempos
tan pocas ocasiones de sentirse objeto de ninguna conquista,
que su actitud me conmovió.

—Y dígame una cosa —le pregunté, para tirarle un
poquito de la lengua,[2] ¿por qué dejó la otra hospedería?

20 Abrió tamaños ojos.[3]

—¿Cuál otra?

—Hombre, la hospedería donde ha estado usted viviendo
hasta ahora.

—¡Oh, no! —y meneó la cabeza y pestañeó repetida-
25 mente, como una solterona a la que le han preguntado si
sale de noche—. Jamás he vivido en hospederías.

¡De modo que era primerizo! Tanto mejor. Aunque usted
no lo crea, yo prefiero estos primerizos a los otros, a los
que se han pasado la vida de pensión en pensión[4] y conocen

---

[1] **puso ... sufrimiento**   his face took on a pitiful look

[2] **para ... lengua**   to draw him out a bit

[3] **Abrió ... ojos.**   He opened his eyes wide.

[4] **de ... pensión**   (going) from one boarding house to another

todas las triquiñuelas y las trampas y las mañas del oficio
de huésped. En cambio éstos, los inocentes, los virginales,
aunque en los primeros tiempos fastidien un poco con la
idea de que siguen viviendo en una casa, son muy fáciles
de manejar, y tan educados, tan sin picardía, que, como le 5
dije antes, se termina por preferirlos.

—¿ Y dónde ha vivido usted hasta ahora, si puede
saberse?[1] —continué.

—Este, en mi casa.

—¿ Vivía solo? 10

—No, no, con mi padre.

—¡ Pero por las llagas de Cristo![2] ¿ No acaba de decirme
que estaba solo en el mundo? Y ahora resulta que tiene padre.

—Acaba de fallecer —murmuró.

—¡ Ay, perdóneme usted! —entonces caí en la cuenta[3] 15
de que llevaba corbata negra y un brazal de luto en la
manga del sobretodo. Claro, eran estos crespones los que
habían hecho que lo tomase por procurador—. Lo acompaño
en el sentimiento[4] —y le di la mano.

—Muchas gracias. 20

—¿ Y cuánto hace que murió su padre?

—Un mes.

—Dios mío, está todavía caliente el cadáver, como
dicen. ¿ Y de qué murió?

—De apoplejía. 25

—¡ Ah! ¿ Tomaba mucho?

—¡ Oh, no!

—Dígamelo a mí. Mi marido murió de lo mismo, y
había que ver cómo le gustaba empinar el codo.[5]

[1] **si ... saberse**   if one might ask
[2] **por ... Cristo**   in the name of Heaven
[3] **caí ... cuenta**   I caught on
[4] **Lo ... sentimiento.**   You have my deepest sympathy.
[5] **empinar ... codo**   to "bend his elbow," *i.e.*, to drink a lot

—Pero, este, pero mi padre . . .

—Está bien, a usted le costará confesarlo ahora, por el luto reciente. Y dígame, ¿ fue una cosa repentina?

—Sí, señora.

5 —Como a mi marido. Seguro que ocurrió después de una mona.

—¡ Oh, no, le juro!

—Bah, aunque usted no lo diga. Habrá empezado a gritar, a hacer escándalo, y de golpe, ¡ paf !, se pone amora-
10 tado, los ojos le dan vueltas, tambalea, cae al suelo . . .

Como vi que se llevaba el pañuelo a los ojos, me pareció prudente cambiar de conversación.

—Bien, bien —dije, para distraerlo—. Si usted está dispuesto a alquilar la pieza, le diré las condiciones.

15 —Sí, señora.

—Ochenta pesos al mes. Pago adelantado. La pensión comprende desayuno, almuerzo y cena. El almuerzo se sirve a las doce y media y la cena a las nueve. En punto. El que no está a esa hora, pues no come. El uso del baño
20 es común. Está prohibido tener luz encendida en los cuartos después de las once de la noche. También está prohibido tener radio, fonógrafo y animales. Yo tengo un gato, pero ése no es un animal, como usted tendrá ocasión de compro-
barlo. El lavado y planchado de la ropa puede dármelos a
25 mí, si quiere, por un pequeño precio extra. Lo mismo las bebidas. Pero esto de las bebidas lo digo por pura fórmula, ya que a mis huéspedes no les permito beber sino agua, que, como dicen, ni enferma ni adeuda.[1] Aquí no entra una gota de alcohol, así me la paguen[2] a precio de oro. Bastante
30 he sufrido con mi difunto esposo a causa de eso. Acuérdese usted de su padre. Bien, creo no haberme olvidado de nada.

---

[1] **ni . . . adeuda**   puts one neither into the hospital nor into debt
[2] **así . . . paguen**   even though I was paid for it

Ni chistó.[1] Al contrario, a cada una de mis palabras hacía una reverencia, como si yo estuviera dándole órdenes. —Además —proseguí— es bueno que sepa que si tiene la dicha de venir a vivir a mi honrada casa, vivirá en un hogar decente, no en una fonda. Aquí, señor mío, reina la 5 más estricta moralidad. De modo que ciertas visitas, y ciertas jaranas, y ciertas libertades de lenguaje o de costumbres, aquí no están permitidas. Tengo tres hijas pequeñas, la mayor de las cuales no pasa de los doce. Yo y ellas y mis huéspedes formamos todos una gran familia, 10 comemos en la misma mesa, yo soy para todos como una madre, todos son para mí como unos hijos, y no es cuestión de que venga un don Juan de afuera a hacer lo que no haría en su casa, si la tuviese.

El hombrecito no tenía trazas de don Juan, pero nunca 15 se sabe. Él comprendió perfectamente a donde yo iba. Y tanto lo comprendió, que se puso rojo como un tomate. Le diré que es hombre de enrojecer a cada tres por cuatro,[2] como pronto lo comprobé, pero se ruboriza con tanta frecuencia, que esos tornasoles son ya el color de su cara. 20

—Finalmente —dije (y aquí hice una pausa)—, finalmente, señor. No es que yo desconfíe de usted. Al contrario, al contrario. Usted parece persona de bien, seria y respetable. Dicen que la cara es el espejo del alma, y usted tiene cara de bueno. Pero ni la cara de usted, desgraciadamente, me salva 25 de ser viuda, ni de tener tres hijas a mi exlusivo cargo, ni de vivir en los calamitosos tiempos en que vivimos, con las Europas en guerra. Sin un hombre que mire por mí, he tenido que salir a la arena,[3] como dicen, a pelear por mi sustento y por el de mis tiernas hijas. 30

---

[1] **Ni chistó.** He didn't talk back at all.
[2] **hombre ... cuatro** man who'll blush at the drop of a hat
[3] **salir ... arena** go out into the world (*literally, enter the arena*)

—Bien, señor —continué, lánguidamente—. A fin de evitar disgustos y pleitos y dolores de cabeza, que yo soy la primera en aborrecer, y para mayor tranquilidad, mis huéspedes suelen ofrecerme, antes de instalarse en mi
5 honrada casa, alguna garantía, alguna prueba de solvencia o, en su defecto . . .[1]

No me dejó terminar. Con agradecimiento y veneración, y con una prontitud que me hizo sospechar que esperaba la cosa, metió la mano en un inmenso bolsillo del sobretodo
10 y extrajo una libreta. Después de abrirla en una de las últimas páginas me la entregó. Era una libreta del Banco Francés.[2] La página mostraba, en grandes números azules, lo que debía de ser el saldo de la cuenta de ahorro del hombrecito. Con sorpresa leí: $58.700.— m/n.[3] La suma era
15 tan respetable, que en seguida quedé reconciliada con las pintorreas artísticas del nuevo huésped.

No esperé más. Le devolví la libreta, me hice a un lado, le mostré el interior de mi honrada casa, le dije:

—La pieza es suya, señor. ¿ Gusta seguirme?[4]
20 Y me dispuse a presenciar cómo se las arreglaba con la valija.[5]

El hombrecito se inclinó sobre el monstruo, lo tomó con ambas manos, hizo un terrible esfuerzo, consiguió levantarlo, se lo echó delante, y curvada la espalda, comenzó a andar
25 detrás de mí.

[1] **en . . . defecto**   in its place
[2] **Banco Francés**   Bank of France
[3] **$58.700.**   *In Argentina, and in other Latin American countries, the division between thousands and hundreds in a number is marked by a period. This sum would have totalled, during the period in question, some $15,000.* m/n *signifies "moneda nacional", i.e., counted in terms of Argentine "pesos".*
[4] **¿ Gusta seguirme?**   Would you care to follow me?
[5] **cómo . . . valija**   how he would get along with the suitcase

Entramos. Mientras atravesábamos la primera galería,[1] algunos huéspedes empezaron a asomarse a la puerta de sus respectivas habitaciones y a observar al hombrecito. El pobre sudaba como un caballo. Para colmo, los zapatones le chillaban escandalosamente. Parecía que iba aplastando 5 caracoles.

Por fin llegamos al comedor. Allí estaban mis tres hijas, que interrumpieron sus juegos para ponerse a contemplar al nuevo huésped. Me acuerdo que las tres lo miraban en silencio, muy seriecitas,[2] y en eso la más chiquitina, 10 apuntando con un dedo a los pies del hombrecito, sentenció:

—No pagó los zapatos.

Salimos del comedor y seguimos por la segunda galería hasta llegar al cuarto que yo le tenía ya destinado, un cuarto un poquito oscuro, y algo húmedo, pero tan tranquilo, 15 que me pareció de perlas para un artista. Hay allí un par de camitas de bronce, un ropero, una mesita de luz. Y en las paredes, retratos de Carlos Gardel[3] y de Rodolfo Valentino.

Abrí la puerta y lo invité a que entrase. Entró haciendo reverencias con el cuerpo y la valija. 20

—Mire a ver si le gusta —le dije.

—Está muy bien, está muy bien —murmuró. Pero no miraba nada. Había colocado el baúl en el suelo y se enjugaba el sudor de la frente con un gran pañuelo. Parecía muerto de cansancio. 25

—Pues entonces —dije— no hay más que hablar. El

---

[1] **galería** patio (**La Madrileña** *has a series of open patios, connected by interior doors, on which all the rooms face—a common type of architecture in Argentina.*)

[2] **seriecitas** as serious as could be (*Note the use of the diminutive suffix* **-ito**, *here modifying the adjective* **serias**. *Precisely what it adds to the basic meaning of* serious *is hard to define. But essentially it reflects the speaker's informality, affection, and a sort of half-humorous tone.*)

[3] **Carlos Gardel** a popular Argentine actor and singer (1903–1935)

cuarto es suyo. Aunque tiene dos camas, no le pondré
compañero mientras usted no desee lo contrario y pague lo
que corresponda.[1] Aquí lo dejo.

Pero no lo dejé. Me quedé mirándolo. Él, a su vez, me
5   observaba de reojo.

—Ya sabe usted el reglamento —continué—. El almuerzo a las doce y media, la cena a las nueve . . .

—Sí, sí, gracias.

—Y el pago adelantado.

10   Con la palma de la mano se dio un golpe en la frente,
que no sé cómo no se la partió en dos; susurró un rosario
de disculpas, y pescó de un bolsillo interior del traje la
cartera, una cartera que reventaba de papeles de toda
índole, y me abonó los ochenta pesos.

15   —Una última formalidad —dije, y el hombrecito cerró
los ojos—. ¿ Su nombre, si me hace el obsequio ?

Otra vez anduvo a la pesca de[2] la cartera, separó una
tarjeta y me la entregó. Leí: "CAMILO CANEGATO - Pintor -
Restaurador de cuadros - Perito en arte - Especialista en
20   retratos al óleo."

Los títulos me gustaron mucho, pero el nombre me
hizo la mar de gracia. ¡ Mire usted que llamarse Canegato
un hombrecito de aspecto tan pacífico![3] Delante de él me
contuve, pero al saludarlo y retirarme para dejarlo solo,
25   ya la cara me temblaba de risa. Cuando llegué al comedor
no pude aguantar las carcajadas. Mis hijas también se
pusieron a reír, aunque no sabían de qué. Después me
arrepentí, porque sé que desde su cuarto se oye todo cuanto
ocurre en el comedor.

---

[1] **lo . . . corresponda**   accordingly
[2] **anduvo . . . de**   went fishing for
[3] **¡ Mire . . . pacífico!**   Picture such a peaceful-looking little man being
called **Canegato** ("Cat-and-dog").

DOS

P UES ASÍ COMO LO DIGO LO INSTALÉ EN MI HONRADA CASA,
sin sospechar, qué iba a sospechar yo, que lo instalaba
por doce años. Doce años, casi una vida, casi los años
de vida de la menor de mis hijas, que ahora anda por los
quince. Fue el huésped modelo. Calladito, modosito, no   5
molestaba ni para pedir un vaso de agua. Durante los
primeros tiempos, hablaba apenas. A la mesa quedábase
quietecito, la nariz en el plato, mirando de reojo a los
demás, sin meter baza en la conversación.[1] Pero si alguien
le dirigía la palabra (y había que ver cómo empezaron a   10
burlarse de él aquellos desalmados, en cuanto cayeron en
la cuenta de su timidez) le hacían la comedia de tratarlo
con toda cortesía, lo llamaban "señor restaurador", le preguntaban si el apellido Canegato le venía de herencia, y
otras guasadas por el estilo. Y como el pobre se lo tomaba 15
todo en serio, los otros se excitaban más todavía. Pues
si alguien le dirigía la palabra, repito, se apresuraba a
contestar con tanto afán que se atragantaba y tosía,
mientras hacía reverencias sobre la silla y se le encendían
los tornasoles de la cara.   20
En un principio lo tomé por persona de poca salud,
porque se venía a la mesa con no sé cuántos frascos de

---

[1] **sin ... conversación** without dropping a single word into the conversation

jarabes, píldoras, pastillas y polvos, que colocaba muy ordenadamente frente a su plato.

—¿ Para qué es toda esa farmacia? —le pregunté un día, los dos a solas.

5 —Para el, este, para el cerebro —me contestó.

—Vamos, ¿anda usted mal de la cabeza?

—Sí, este, no, un poco de fatiga.

—Oh, déjese de historias.[1] Como si la cabeza fuese una pierna o un brazo para fatigarse. ¿ Y quién le ha dicho que 10 tiene fatiga? ¿ El médico?

—No, este, en realidad, nadie.

—¿ Nadie? Y entonces ¿ cómo sabe que es fatiga?

—Porque, porque a la noche tengo la mente . . . Sueño mucho.

15 No pude menos que echarme a reir.

—¡ Sueña mucho! ¿ Y qué se le da[2] que sueñe o que no sueñe, si está dormido? Por otra parte, es la primera vez que sé que soñar es malo. Todos soñamos. Pero oiga: si no ha ido a ver al médico, ¿ cómo toma todas esas medicinas? 20 —Ah, este, por los avisos de propaganda[3] que leo en los diarios.

—¡ De modo que usted traga los menjunjes que ve anunciados en los diarios! Quítese esas ideas, señor Canegato. Comer bien, eso es lo que usted necesita. Si se nota que es 25 piel y hueso. Diga, ¿ quién cocinaba en su casa?

—Este, yo.

—¿ Usted? ¡ Válgame el cielo![4] ¿ Y qué cocinaría usted?

—A mi padre, a mi padre le gustaba una sola cosa.

—Sí, ya sé.

---

[1] **Oh . . . historias.** Oh, come now.
[2] **Y . . . da** And what difference does it make
[3] **avisos . . . propaganda** advertisement
[4] **¡ Válgame . . . cielo!** Heaven help me!

—No, no, digo que le gustaban los tallarines, nada más.

—¿Y de eso no salían, de los tallarines?

—No, no salíamos, no, señora.

—Y ya ve las consecuencias. Hala,[1] tire todos esos frascos a la basura y no pruebe otros remedios que los que yo le prepare en la farmacia de mi cocina.

Un poco por mis consejos, y otro poco por el jaleo que levantaban los demás huéspedes, dejó de llevar a la mesa su colección de medicamentos. Aunque es capaz de haber seguido envenenándose a escondidas. ¡Mire usted, como si porque usted le echa píldoras al estómago, el cerebro va a darse por enterado!

Pues como le decía, el hombrecito daba muy poco que hacer. De lunes a sábado lo veíamos apenas a la hora del almuerzo y de la cena, ya que se pasaba el resto del día en su taller de pintura, ubicado, este taller, en un sótano de la calle San Martín. Al poco tiempo de venir él a vivir a mi honrada casa fui a inspeccionarle el tallercito, a ver qué tal era. Luego he ido por lo menos cada quince días, a ponerle un poco de orden en todos esos cacharros y botellas y cosas raras que tiene allí. Ciertamente, el hombrecito tenía un oficio de provecho, que le dejaba sus lindas ganancias. El cobraba sus buenos pesos, y casi por nada, por ir a la mansión de un ricacho a ver si un cuadro tenía cuarenta o cuatrocientos años, que daba lo mismo,[2] porque el ricacho no entendía una jota, o por quitarle a otro cuadro la suciedad de encima, que si era yo lo tiraba y compraba uno nuevo, o por algún otro trabajo por el estilo. Hay gente para todo, como yo digo. A nosotras, digo a mí y a mis hijas, nos hizo un gran retrato al óleo, ése que usted habrá visto en el comedor de *La Madrileña*. No nos cobró nada,

[1] **Hala** Ccme on

[2] **que ... mismo** which was all the same anyway

aunque sólo la tela y el marco valen unos pesos. Ni siquiera debimos posar. Bastó darle una fotografía de cada una de nosotras para hacer un gran cuadro donde estamos las cuatro juntas, y tan igualitas,[1] que no nos falta sino hablar.

5   Los domingos, en cambio, los pasaba en casa, porque no era hombre de andar por allí tirando el dinero en diversiones. Yo comencé a cobrarle afecto,[2] porque pronto me di cuenta de que era un pan de Dios,[3] sin ninguna malicia, inocente como un niño. A mí me trataba con mucho

10   respeto. "Señora" para todo, desde el primer día hasta hoy. En cambio, a los otros huéspedes les escapaba. Les tenía mucho miedo. Su timidez, especialmente con las mujeres, era casi una enfermedad. Recuerdo que tenía yo una pensionista, artista de teatro. La Chelo, le decían. ¡ Ay,

15   Jesús! El terror que infundía en Camilo la sola presencia de La Chelo, es cosa de no creerlo. Y la descocada[4] se aprovechó de ello para sacarle algún dinero. Seguro que él se lo daría temblando. Y pedírselo de vuelta, jamás. Antes se hubiera cortado la lengua con sus propios dientes, como

20   dicen que hizo no sé qué filósofo de Egipto.

Pues yo, como le contaba antes, la dosis de familiaridad se la aumenté, si no directamente, al menos por mediación de mis hijas. Porque las pequeñas, Matilde, Clotilde y Enilde (un capricho de mi difunto marido, ponerles estos

25   nombres en verso), pronto tomaron confianza con él, empezaron a llamarlo "Camilo" a secas, a tutearlo, a hacerlo partícipe de sus juegos, y a la fin lo convirtieron en el compañero y en la víctima de sus travesuras. Usted sabe lo que son los niños cuando encuentran una persona mayor

---

[1] **igualitas**   "true to life"
[2] **cobrarle afecto**   take a liking to him
[3] **pan . . . Dios**   goodly soul
[4] **la descocada**   the shameless woman

que los trate con seriedad y deferencia. Que así las trataba
Camilo. Y ellas terminaron por tiranizarlo.

—¡Camilo, llévame al Jardín Zoológico!

—¡Camilín, cómprame caramelos!¹

—¡Camilito, ayúdame a hacer los deberes!   5

Y Camilo a todo que sí. Yo le decía:

—Don Canegato, usted me las está malcriando.

Pero no había forma de impedirlo.

Y bien, mi querido señor. Como usted comprenderá,
con el correr del tiempo Camilo dejó de ser un huésped más   10
y pasó, casi casi,² a integrar la familia. Él era, para mí,
como un hijo. Para mis hijas, como un hermano mayor.
Cuántas veces, al hacer el recuento de mis pensionistas, me
olvidaba de incluirlo a él, pues, vamos, porque no pensaba
en él como en un pensionista, sino, qué sé yo,³ como en un   15
pariente.

A la recíproca,⁴ nosotras cuatro fuimos para él la
familia que no tenía. Porque era verdad que estaba solo
en el mundo. La primera vez que me lo dijo se lo creí a
medias, pero no había mentido. Ni parientes, ni amigos.   20
Correspondencia, no recibía ninguna. Visitas, jamás.
Hace algún tiempo venía una mujeruca que le planchaba
los cuellos duros, y ésa fue la única persona que parecía
saber en todo el mundo que en mi honrada casa vivía un
hombre llamado Camilo Canegato. Hasta que incluso la   25
mujeruca dejó de venir, y ya nadie quebró la soledad del
pobre hombrecito. De los clientes no hablo, porque eso no
es compañía, eso no es amistad. Así que nosotras éramos las

---

¹ **caramelos**   candy (*generally speaking, all types of hard and soft sweets*)

² **casi casi**   very nearly

³ **qué . . . yo**   how shall I say it

⁴ **A . . . recíproca**   On the other hand

que cerrábamos, como dicen, el círculo de sus afectos.[1]
Mis hijas, sobre todo, que apenas lo veían aparecer en la
puerta de la calle corrían a hurgarle los bolsillos en busca de
caramelos, que lo llamaban con mil apodos, que lo llevaban
al cine con ellas. Y a mí también me quería, a mí también, que
terminé siendo como una madre para él, la madre que lava
y plancha la ropa, y prepara la comida, y limpia el cuarto,
y cuida de la salud de sus hijos, y da consejos, y tiene alguna
palabra afectuosa, y a veces regaña, sí, pero con amor,
por el bien de todos.

Yo le decía, pongo por caso:[2]

—Don Canegato, usted no piensa en el futuro. Usted
ya no es un pollo.[3] Aquí veo en su libreta que este
mes no ha depositado sino unos pocos pesos. ¿Qué ha
hecho de la plata, vamos a ver? Alguna locura, ¿no es
cierto?

—No, señora —me contestaba. —Es que este mes tuve
poco trabajo.

—¡Zarandajas![4] Como si yo no supiera que por
pasarle un plumero a un cuadro, nada más, ya se gana un
dineral.

Otras veces le decía:

—Don Canegato, lo que usted necesita es casarse.

—¿Casarme? ¿Casarme? —repetía, mirándome todo
azorado, como si yo le propusiese alguna inmoralidad.

—Sí, señor, casarse, que es, si no me equivoco, lo que
hacen los solteros.

—¡Oh, yo!

---

[1] **cerrábamos . . . afectos**   made up, as they say, the circle of his
affections
[2] **pongo . . . caso**   for example
[3] **pollo**   "spring chicken"
[4] **¡Zarandajas!**   Nonsense!

—Sí, usted.

—¡Con quién quiere que me case yo! —murmuraba
tristemente, meneando la cabeza.

—Con quién, con quién. Eso corre por su cuenta.[1]
Mujeres no faltan. Aunque, como dicen, quien más mira   5
menos ve.

Los tiempos poco a poco fueron cambiando, tanto para
mí como para él, pero entre yo y él nada cambió. Los
huéspedes proliferaron. *La Madrileña* se hizo célebre, no
diré en toda la República, porque sería exagerar un poco,   10
pero sí en todo el barrio del Once. Tomé a mi servicio a
una mucama (mejor sería decir una mula, según es de
torpe,[2] la pobre, y coja y medio sorda, por añadidura),[3]
para que hiciese los trabajos pesados y pudiera yo dedicarme
a menesteres más sutiles. Admití sólo huéspedes selectos.   15
Investigué sus antecedentes, sus profesiones, y hasta me di
el lujo de rechazar candidatos nada más que porque no me
gustaban sus caras. Fui la "Señora Milagros" para profesores
de colegio, para maestras jubiladas, para altos empleados
de banco. Y Camilo siempre en su rinconcito. Mis hijas   20
crecieron, se convirtieron en mujeres. Matilde, la mayor,
quiso emplearse por las tardes como dactilógrafa en una
oficina. Ésa tiene carácter independiente. Clotilde, la
segunda, se recibió de bachiller,[4] y ahora está por decidir
qué carrera seguirá. A mí me gustaría de médica.[5] Ella   25
dice que de abogada.[6] La materia prima, que es la labia,

[1] **Eso . . . cuenta.** That's up to you.
[2] **según . . . torpe** she's so slow
[3] **por añadidura** in addition
[4] **se . . . bachiller** received her bachelor's degree (*In Latin America
this degree is roughly equivalent to the U.S. high school diploma.*)
[5] **de médica** as a doctor
[6] **de abogada** as a lawyer

no le falta.[1] Y Enilde, la menorcita, estudia música. A mí
es oírla y ponérseme la carne de gallina.[2] Y él, que antes
había sido como un hermano mayor, después fue como
un tío soltero de todas ellas, o como el padrino de un
5 lejano bautismo ya olvidado. Ellas siguieron tratándolo
con la misma honesta confianza de cuando eran niñas, y
llamándolo "Camilo". Pero un día dejaron, ellas y él, de
tutearse. Y yo ese día miré a mis hijas, miré a Camilo, me
dije: "¡ Han pasado doce años, Milagros, doce años!",
10 y me sentí vieja.

❦

TRES

P UES BIEN, SEÑOR MÍO. ASÍ LAS COSAS,[3] UNA MAÑANA
(hace aproximadamente seis meses, como le dije al
principio), ocurrió algo insólito. Déjeme que se lo
cuente despacio.
15   Estaba yo en el comedor, haciendo no sé qué, cuando
oí al cartero que voceaba en la calle. Inmediatamente la
señorita Eufrasia Morales salió de su cuarto y corrió hacia
el vestíbulo. La pobre cree que nadie se da cuenta, pero
todos sabemos que recurre a ese medio de ir a esperar
20 personalmente al cartero, nada más que para enterarse de
qué correspondencia recibe cada uno y de ahí sacar hilo

[1] **La . . . falta.**   The raw material, a quick tongue, she's got.
[2] **A . . . gallina.**   Just listening to her I get goose pimples.
[3] **Así . . . cosas**   Things being like this

La hora de comer en *La Madrileña* (*Izq. a der.*: Milagros, Elsa, Camilo, David Réguel)

para la madeja de sus chismes. No es que sea mala persona,
no, señor. Pero la verdad es que tiene una gran desgracia,
y es que no se ha casado, ni se casará, porque anda por los
cincuenta y pico, y agrégue a eso los muchos disgustos que le
5 dejaron sus años de enseñanza, porque es maestra jubilada.
Pues como le contaba, la señorita Eufrasia, de acuerdo con
su costumbre, corrió a la calle a esperar al cartero. El
cartero le puso en la mano un sobre. La señorita Eufrasia
tomó el sobre, lo miró, lo leyó atentamente, lo olió, lo
10 sopesó, le buscó las señas del remitente, lo examinó al
trasluz, volvió a olerlo. Después de media hora, por lo
menos, de estarse manoseando el sobre, se acordó de
traérmelo a mí, que estaba espiándola desde el comedor.
Cuando se acercó, yo arreglaba inocentemente la mesa.
15 No la miré. Aguardé a que me dijese, como suele: "Otra
cartita para Fulano":[1] "Un sobrecito para ese buena pieza
de Mengano".[2] Pero esta vez no. Esta vez se me puso al
lado, en silencio. De pronto, un fuerte y, para mi gusto,
horrible perfume a violetas me envolvió. No tuve más
20 remedio que levantar la cabeza. La señorita Eufrasia me
miraba severamente, y con un mudo gesto de repugnancia,
como si me alcanzase un gato muerto, me presentaba el
sobre. Era un sobre de color rosa, apaisado.[3] Y despedía tal
olor, que no parecía sino que acababan de echarle encima
25 un frasco entero de perfume. Ese olor, y el color del papel,
hacían pensar a cualquiera que se trataba de correspondencia femenina. Femenina y amorosa. Así se explicaba la
actitud de la señorita Eufrasia. Aposté a que era carta
para Coretti, o para David Réguel, los dos muy tenorios,
30 cada uno en su género. De todos modos, dije con inocencia:

[1] **Fulano**   "So-and-So"
[2] **ese . . . Mengano**   that fine chap "What's-His-Name"
[3] **apaisado**   long and narrow

—Ah, ¿ vino el cartero ? ¿ Y para quién es ?

La señorita Eufrasia no despegó los labios. Seguía mirándome acusadoramente. ¿ Pero qué demonios le pasaba a aquella mujer ? Tomé, ya un poco alarmada, la rosa y la violeta que me ofrecía en la punta de los dedos y leí el sobrescrito. Casi me caigo de espaldas.[1] Allí decía, bien claro: "Señor Camilo Canegato. Hospedería *La Madrileña.* Calle Rioja nº ... Buenos Aires." Y todo con una letrita redondita, pequeñita, prolija. Vamos, una letra de mujer.

—¡ Hombre, qué raro ! —no pude menos que exclamar.

Sí, señor. Raro. Rarísimo. En tantos años, Camilo jamás había recibido una carta, ni siquiera una tarjeta de agradecimiento o de despedida, ni siquiera algún volante de propaganda de alguna sastrería o de un líquido para matar cucarachas. Y vea ahora cómo se estrenaba. Con una carta íntima, personal, misteriosa, secreta. Casi casi sospechosa. Porque una persona que perfuma su correspondencia en esa forma, francamente, da que pensar.[2] Por el peso se notaba que el sobre contenía varias hojas de papel. ¿ Pero qué diablos tendría que decirle nadie a Camilo para escribir una carta tan larga ? Señas del remitente, mejor dicho, de la remitente, ni por pienso.[3] Querría permanecer oculta. ¡ Y aquel perfume, Dios santo, aquel perfume ! Juro a usted que le traía ideas de pecado, y de alcobas a media luz, y de francesas desnudas. Y se veía que se conocían bien. Ella había escrito, con toda claridad, sin equivocarse: "Camilo Canegato", y el nombre de mi honrada casa, y la calle y el número.

La señorita Eufrasia interrumpió mis reflexiones.

—Señora Milagros —dijo, siempre de pie a mi lado y

[1] **Casi ... espaldas.** I nearly fell over backwards.

[2] **da ... pensar** makes one wonder

[3] **ni ... pienso** naturally not

siempre mirándome como un fiscal—, todavía no se inventó el medio de leer una carta sin abrir antes el sobre.

Como yo me había quedado con el sobre en la mano, observándolo atentamente, mientras pensaba lo que le
5 dije, aquella víbora había creído que yo . . .
—Si lo dice usted —le respondí—, que viene ensayando desde hace tanto tiempo . . .[1]
Comprendió que aludía a su costumbre de esperar al cartero.
10 —Señora Milagros —dijo, mirando para todos lados, como si se le hubiera perdido alguna cosa, mientras se arreglaba el pelo con una mano y se concomía nerviosamente, señales todas de que estaba furiosísima—. Señora Milagros, la única forma es abrir el sobre. Pero cuando el
51 sobre no nos viene dirigido se comete el delito de violación de correspondencia. Y si hay testigos . . .
Capaz era aquel basilisco de ir a contar a todo el mundo que yo abría la correspondencia de mis huéspedes.
—¡Ah, —dije, con toda candidez—, de modo que por
20 eso usted no lo ha hecho todavía! —y antes de que tuviese tiempo de contestarme, murmuré—: Permiso —di media vuelta y salí del comedor. Todavía a veinte pasos de distancia le pude oir la respiración escandalizada.
Me encaminé al cuarto de Camilo. Le dejaría allí el
25 sobre. No quería entregárselo en su propia mano. Cuando estuve a solas, procuré . . ., digo, que lo puse sobre la mesita de luz, bien visible, como un reproche por tanto misterio y tanta letrita femenina y tanto perfume a violetas. Al mediodía, cuando él llegó a almorzar, se estuvo un buen
30 rato encerrado en su habitación. "Está leyendo la carta", pensé. "Tendrá[2] para media hora, con todo el rollo de papeles

---

[1] **que . . . tiempo**   who's been trying (to do it) for so long
[2] **Tendrá**   He'll have (reading matter)

que parecía haber dentro del sobre. Pues como no se siente
a su hora a la mesa, almorzará el perfume a violetas que
le han mandado por correo." Pero no, no demoró. Después
de doce años lo tengo bien amaestrado. Apenas apareció,
lo miré fijo, pero él no levantó la vista. Entonces le dije: 5

—Don Canegato, ¿ vio el sobre que le dejé en la mesita
de luz?

—Sí, sí, gracias —balbuceó, y nada más. Parecía
excitado. Los tornasoles de la cara le chisporroteaban
como nunca. Las manos eran un puro temblor. Y a mí,   10
qué quiere que le diga, a mí me parecía seguir oliendo el
bendito perfume.

En fin, el episodio habría sido olvidado, quizá, si a la
semana siguiente no hubiera llegado otro sobre rosa, y a
la otra semana otro sobre, y después otro, y otro, y otro,   15
uno cada miércoles, todos dirigidos a Camilo, ostentando
todos la misma letrita redonda y antipática, metiendo por
toda la casa aquel olor indecente. Semejante diluvio epistolar
terminó por alarmarme.

—No sé qué pensar —les dije una noche a mis hijas, las   20
cuatro reunidas en mi dormitorio, como solemos antes de
irnos a dormir—. Estoy preocupada.

—¿ Preocupada por qué? —preguntó Enilde.

—Por qué, por qué ... Me parece que esas cartas no
anuncian nada bueno.   25

—Vaya —dijo Matilde, calmosamente—, no veo
motivos. El recibir cartas no es una cosa del otro mundo.
Y en última instancia, es asunto de Camilo.

—De Camilo y mío —le contesté—, que para algo soy
como una madre para él. Si un hijo recibe cartas que a la   30
legua se ve que son pecaminosas, la madre no va a quedarse
lo más tranquila, cruzada de brazos.

Matilde y Enilde rompieron a reír como locas.

—¡Pecaminosas!¡Pecaminosas!—repetían, entre carcajadas.

—¿De qué se ríen?—preguntó Clotilde, la bachillera de la familia, abandonando la revista que leía.

5 —Mamá dice que las cartas que recibe Camilo son pecaminosas —la instruyó Enilde.

—¡Mamá, por Dios!—me reprochó ella, en un tono como si me reprochase estar borracha—. ¿De dónde saca usted eso?

10 —Pues entonces —dije— serán cartas de algún cliente, que para pedirle que le retoque un cuadro le manda todos los miércoles veinte pliegos perfumados. Como si hasta un ciego no viese que son cartas de mujer. Y quién sabe quién. Una novia no es, porque los sobres están puestos en 15 el correo en una sucursal de aquí de la ciudad, lo he visto por el matasellos. Así que si fuese una novia, ¿para qué va a tenerlo loco a correspondencia? ¿Qué necesita decirle todas las semanas? No, no, será alguna aventurera, alguna que le saca dinero.

20 Aquí se echaron a reir a todo trapo.[1]

—¡Mamá, mamá!—chillaban, doblándose en dos como si tuviesen arcadas. Si usted las veía en ese momento, creía que yo acababa de decir el disparate más grande—. ¡Camilo enredado con una aventurera! ¡Sí, con Mata 25 Hari!

—¡Pero mamá!—dijo Enilde, un poco más calma, mirándome compasivamente—. ¿Usted cree que Camilo, a su edad . . .?

Como ella tiene quince años, piensa que el que tiene 30 dieciséis ya es viejo.

—¡A su edad!—le repliqué—. Oigan a la sabia. No sabes tú lo que es un hombre a la edad de Camilo.

---

[1] **a . . . trapo** with all their might

—Pero no —terció Matilde, calmosamente—. Camilo no está hecho para esas cosas.

—¿Y para qué cosas crees tú que está hecho cualquier hombre? —le contesté. Pero no hubo forma de convencerlas.

A la que más afectaron las cartas rosas y el misterio que las rodeaba fue a la señorita Eufrasia. Las cartas terminaron por enfermarla. Apenas los miércoles quedaron marcados[1] por la llegada de aquella sospechosa correspondencia dirigida a Camilo, la señorita Eufrasia aguardaba ese día con una mezcla de excitación y de furor. Le aseguro a usted que hasta se levantaba más temprano y, después de tomar el desayuno, iba a sentarse en una silla en el vestíbulo, esperando al cartero.

Hasta que, fatal, fatal,[2] el cartero llegaba con el sobre rosa y perfumado para el señor Camilo Canegato. Me traía en silencio la carta y luego se encerraba en su habitación hasta el mediodía. Pero nunca me dijo una palabra. Cada vez que me ponía el sobre en la mano me miraba fijamente, rencorosamente, como si me recordase una desgracia de la que yo tenía la culpa y de la que no pudiera hablar por pudor o por dignidad. Pero no me preguntaba nada.

Entre tanto, el increíble destinatario de los sobres no soltaba prenda.[3] Se quedaba con ellos y nada más. Y esto después de doce años de sacar los bofes[4] por él, esto después de doce años de servirle de madre. Yo no podía creer en tanto engreimiento repentino. Le tiré algunas indirectas.

—¡Jesús, qué olor a violetas! —decía yo, delante de él—. Se ve que hoy es miércoles.

[1] **Apenas . . . marcados** Scarcely had Wednesdays been marked off
[2] **fatal, fatal** inevitably
[3] **no . . . prenda** said nothing one way or the other
[4] **sacar . . . bofes** slaving

Se ponía como un geranio, pero ni una palabra. O le preguntaba:

—¿ Qué? ¿ Buenas o malas noticias tuvimos hoy, don Canegato?

5 —Así, así —contestaba, y vuelta a enrojecer. Pero lo que yo quería que me contase, nada.

Ah, no, mi estimado señor. De mí no se burla nadie, y menos en mis propias narices.[1] Un día, la señorita Eufrasia salió a cobrar su jubilación,[2] y como la mucama andaba un

10 poco remolona,[3] decidí hacer yo misma la limpieza del cuarto de Camilo. En un cajón del ropero, bajo dos camisetas, los sobres rosas refulgían. Los tomé apresuradamente, llamé a mis hijas y las cuatro nos encerramos en mi dormitorio. En un primer momento no nos enteramos de nada,

15 con la excitación. Parecía que lo único que queríamos era tener todos los sobres violados, todas las cartas desplegadas. Pero después que me calmé, digo, que nos calmamos, empecé a leer detenidamente, comenzando por la carta de fecha más antigua. Las firmaba una tal "Rosaura" y

20 eran, como yo había sospechado desde el primer día, cartas de amor. Dicen que se han perdido, que no fueron halladas en el equipaje de Camilo. No importa, señor, no importa. Yo las tengo todas en la memoria. Me las sé de cabo a rabo.[4] Podría repetírselas como el padrenuestro.

25 En la primera, la tal[5] Rosaura lo llamaba "señor Camilo" y lo trataba con mucho miramiento y circunspección. "Ya ve usted", le decía, "cumplo mi promesa de ayer. Le escribo para expresarle, por intermedio de estas

---

[1] **en . . . narices**   right to my own face
[2] **cobrar . . . jubilación**   cash her retirement check
[3] **andaba . . . remolona**   was in a bit of a lazy mood
[4] **de . . . rabo**   to the last detail
[5] **la tal**   this

líneas, lo que personalmente no podría ni sabría. No se burle de mi timidez." Sí, bueno estaba él para burlarse de la timidez de nadie. De modo que se habían juntado dos tímidos, por lo visto. "Además", seguía la tal Rosaura, "ya sabe que estamos bajo vigilancia." Yo y mis hijas nos miramos extrañadísimas. ¿ Qué diablos quería decir aquello de que estaban bajo vigilancia? La cosa despuntaba interesante. Continúo con la carta: "He estado reflexionando largamente acerca de nuestra conversación de ayer, mejor dicho, acerca de sus palabras de ayer. Palabras hermosas y nuevas, para mí. Palabras que nunca había escuchado antes. Palabras que trastornan el universo de juicios y de conceptos", ay, mi Dios, cómo hablaba aquella mujer; yo no entendía nada, no entiendo nada aún hoy, pero como tengo tan buena memoria, puedo repetírselo, así, vamos, como un loro, "el universo de juicios y conceptos en que yo había vivido hasta ahora. Ahora sé que era un universo falso. No, falso no. Era vacío. Era como un cuarto a oscuras. Usted ha venido, ha encendido la luz, y de pronto veo cosas nuevas, raras, desconocidas. Veo todo un mundo que antes, en la oscuridad, parecía no tener color, ni forma, ni sentido." Y así, en este tono, cuatro carillas.

En la segunda carta Rosaura escribía: "Camilo". Basta de "señor". "Camilo: se lo ruego, tenga cuidado. Usted no ignora que, en mi casa, hasta las paredes oyen. Y no confíe demasiado en el sueño de mi tía. Quizá juzgue excesivas mis precauciones. Pero algún día lo sabrá todo, algún día le explicaré la razón de mi cautela de ahora. No crea, eso no, que no me agrada oírlo hablar. Al contrario, amigo mío, al contrario. Estaría horas escuchándolo."

—De modo —dije, todavía con la carta en la mano—, de modo que se entrevistan en casa de ella.

—¿Y por qué no podrán hablarse a gusto? —preguntó
Enilde, a quien ese lado intrigaba mucho.

Clotilde creyó hallar la respuesta:

—Porque ella será casada, y tendrán miedo al marido.
5 Solté la carta como si fuese una víbora. Válgame el
cielo, lo que faltaba.[1] Que Camilo se me convirtiera en un
adúltero.

—Enilde, déjanos solas —dije, pero mi hija se hizo la
sorda y se quedó.

10 Otra carta nos sacó del error. Leímos: "Usted me
preguntó ayer". Todas las cartas decían: ayer esto, ayer
aquello, ayer me dijo, ayer me preguntó. Consultamos un
calendario. Las cartas estaban fechadas en días martes.
Así que los ayeres eran lunes. Luego, el lunes era el día de
15 los encuentros. Sigo con la carta. "Usted me preguntó
ayer por qué no me casé. No sé. Quizá sea porque tenía del
matrimonio una idea equivocada, que me hacía verlo
repulsivo. Pero ha venido usted, ha encendido la luz,
¿recuerda?, y la imagen se ha trocado en otra y es ahora
20 encantadora."

De modo que no era casada. Respiré más tranquila.
Bien, señor. De carta en carta, Rosaura tomaba más
confianza. Hasta que, en la última, la que había llegado
esa misma semana, se desataba. Quiero decir, no me
25 interprete usted mal, quiero decir que dejaba a un lado
las palabras difíciles, tuteaba a Camilo, lo llamaba "querido", le confesaba quererlo como él la quería a ella, le juraba
no amar a ningún otro, le ensartaba mil ternezas una tras
otra y terminaba enviándole unos besos, que no sé cómo
30 el papel no aparecía allí chamuscado.

—En suma —dije, cuando terminé de leer todas las
cartas—, que el señor Camilo Canegato, a quien en adelante

[1] **Válgame . . . faltaba.**   Heaven help me, that's all I needed.

vamos a tener que llamar "El Mosca-muerta",[1] anda en amores con una mujer, unos amores llenos de vigilancias, obstáculos, cuartos oscuros, tías que duermen, amenazas y peligros, como de novela, y no nos ha dicho nada, nada, después de doce años que come en mi mesa y vive en mi 5 casa.

Mis hijas se miraron entre ellas, como poniéndose de acuerdo. Clotilde, balanceando lánguidamente una pierna y sin mirarme, dijo:

—Esa Rosaura debe de ser una solterona. 10

La contemplé con la boca abierta. Pero antes de que pudiera salir de mi asombro, Matilde corrió en su auxilio:

—Claro, alguna vieja.

Enilde trajo tropas de refresco:[2]

—¿Y qué otra cosa quieren que sea? 15

Y todo esto en un tono, señor mío, en un tono como si se tratase de algo que no admite duda.

—¿Pero de dónde sacan ustedes que esa Rosaura es una solterona? —les pregunté.

—¡Mamá, por Dios! —me contestó Matilde, muy seria—. 20 Si se ha enamorado en esa forma de Camilo . . .

—¿Ah, sí? ¿De modo que sólo una tía vieja puede enamorarse de Camilo? Vean a la Venus de Milo, aquí.

—Además —terció Clotilde, también ella muy seria.— Además, la propia Rosaura lo dice. 25

—¿Que Rosaura lo dice? ¿Dice qué?

—Que es, bueno, que es una mujer madura.

—¿Dónde lo dice, vamos a ver? Yo no recuerdo.

—Aquí, mamá, lea: "Usted me preguntó ayer por qué no me casé." 30

—¿Y qué hay con eso?

[1] **"El Mosca-muerta"** "The Make-Believe Meek One"
[2] **tropas . . . refresco** reinforcements

—Una mujer joven no lo hubiera escrito. Una mujer joven hubiera escrito: "Usted me preguntó ayer por qué todavía no me he casado." Pero si emplea el tiempo pretérito indefinido, "casé", es porque el tiempo de la acción ya pasó para siempre, o sea que ya le pasó para siempre el tiempo de casarse.

Vea usted. Para eso la he hecho estudiar. Eso es lo que ha aprendido en sus libros.

—Y no te olvides —dijo Matilde, desdeñosamente, dirigiéndose a Clotilde, no a mí, porque yo la había ofendido con aquello de la Venus de Milo—, no te olvides que una mujer moderna no escribe cartas de amor.

—Y menos perfumadas, y en ese color rosa insufrible —dijo Enilde.

—Oh, y esas frases cursis —siguió Clotilde. "Olvidaba decirte todo lo que te quiero", y después otra más: "Vuelvo a abrir la carta para agregar un último beso."

Se miraron un minuto entre ellas, y de pronto se pusieron a reír a todo trapo. No aguanté más:

—¡Basta! —grité—. ¡A callar! Que no las oiga seguir diciendo barbaridades, porque comienzo a darles tantos de esos mojicones,[1] que no sabrán dónde tienen la derecha y dónde la izquierda.

Me miraron estupefactas:

—¡Madre! ¿Qué le ocurre a usted?

Comprendí que me había excedido un poco. Así que opté por recoger en silencio las cartas, colocarlas cada una en su sobre y devolverlas al escondite de donde las había sacado.

Por dentro sentía un extraño desasosiego. Anduve malhumorada. A la noche, cuando aquel desalmado se sentó a mi mesa, no pude sino mirarlo largamente. Las

[1] **comienzo . . . mojicones**   I'll give you such a beating

frases de Rosaura me daban vueltas en la cabeza.[1] Algo,
no sabía qué, me escocía por dentro, como si hubiese
espiado por el ojo de alguna cerradura y hubiese sorprendido
a alguien, a Camilo, en cueros. Las muchachas también lo
miraban, y se miraban entre ellas, y andaban muy risueñas.   5
Con cualquier pretexto lanzaban grandes carcajadas. Yo,
que las conozco como a mí misma, entendía perfectamente
el significado de tanta hilaridad. Y tanto se rieron, que al
cabo la señorita Eufrasia empezó a observarlas, a sospechar
algo malo y a ponerse rígida. Pensaría que se reían de   10
ella.

   Camilo, en cambio, comía sin levantar la cabeza.
Claro, sus pensamientos estaban lejos. Nosotras ya no
éramos, como antaño, todo su mundo. Nosotras ya no
cerrábamos el círculo de sus afectos. Ahora el centro de su   15
vida se había ido a posar lejos, lejos, en el corazón de una
desconocida llamada Rosaura.

   —¿ Qué le pasa, señora Milagros? —oí que me preguntaban. Era el señor Coretti, otro de mis huéspedes,
empleado de banco, un hombrón corpulento, que a veces   20
fastidia con su manía de interesarse por todo y hacerse el
simpático.

   —¿ A mí? ¿ Por qué? —le dije, lánguidamente.

   —Eh, como está tan callada y con esa cara de Viernes
Santo . . .[2]   25

   La señorita Eufrasia se volvió a observarme. Sentíase
desconcertada, porque mi tristeza casaba mal con el buen
humor de mis hijas.

   —Nada —contesté—. No me pasa nada.

   A partir de entonces, mi martirio se hizo más cruel.   30
Porque otras semanas pasaron, otras cartas llegaron, y yo,

---

[1] **me . . . cabeza**   lingered in my head
[2] **Viernes Santo**   Good Friday

que sabía, debía aparentar que no sabía nada; yo, que conocía el contenido de fuego de los sobres rosas, tenía que continuar con la farsa de ir a dejárselos en su mesita de luz, como si aquellas fuesen cartas inocentes que no me 5 manchaban las manos ni me convertían en una celestina de sus correos. La señorita Eufrasia me interrogaba desaforadamente con los ojos, y yo tenía que desviar la vista para no traicionarme. Coretti me decía:

—Oiga, señora Milagros, ¿qué le pasa a Camilo, que 10 lo veo tan cambiado? —y yo tenía que contestarle, como si tal cosa,[1] fingiendo indiferencia:

—¿Cambiado? Pues yo lo encuentro como siempre.

Los lunes lo vigilábamos. A mediodía, después de almorzar, cambiaba de traje, se iba vestido como un 15 jaileife. Claro, era el día que se reunía con ella. Seguimos leyéndole las cartas, a escondidas, con mucha discreción, porque la señorita Eufrasia, que es un demonio de perversidad, como yo digo, le falta[2] la bola de cristal y la lechuza al hombro, parecía haber olido algo y nos la encontrábamos 20 por todas partes, como si se hubiera multiplicado por diez. La cuitada sospechaba, sospechaba, y aparecía silenciosamente por puertas y ventanas, salía tras de una planta, olvidaba pedir permiso para entrar en mi cuarto, quería a cada minuto alguna cosa, un vaso de agua, la plancha, 25 un limón exprimido. La ansiedad y la rabia la volvían pálida y seca como una escoba. Y cuando cada miércoles me entregaba el consabido sobre rosa, me miraba de una manera, señor, tan acusadora, que a mí se me subían los colores a la cara.

30 En una carta leímos: "Gracias, mil gracias por la miniatura. Es preciosa. Ayer no pude agradecerte como hubiese

---

[1] **como ... cosa**   as if nothing had happened
[2] **le falta**   she should have

deseado hacerlo. Temí que tía despertase." Y dale[1] con la tía dormida por allí cerca. Pero entonces, ¿ a qué hora se juntaban, aquellos dos? "No debiste molestarte. Yo tengo la culpa, por haberte dicho cuándo era mi cumpleaños. Bueno, no te he ocultado ni siquiera la edad." Al oírme leer   5 esto mis hijas se pusieron de pie, las tres al mismo tiempo, como si hubiera entrado una visita. "¡ Veintiséis años!" Las tres volvieron a sentarse.

Enarbolé la carta como un trofeo y exclamé:

—¿ Qué dicen, ahora? Con que[2] Rosaura es una sol-   10 terona, una estantigua del tiempo de Matusalén,[3] un adefesio imposible, un esperpento al que ya le pasó la acción del tiempo del indefinido de casarse.

Se miraron entre ellas, en una de esas mudas consultas con que las tres se entienden. Clotilde tomó la palabra.   15

—No discutiremos con usted, mamá, porque se enoja. Pero . . .

—¿ Pero qué? Habla.

—Pero habría que conocer personalmente a Rosaura. A los veintiséis años se puede ser ya una solterona.   20

—Además —añadió Matilde— una cosa es la edad y otra la cara.

—Por otra parte —intervino Enilde— ¿ sabemos si realmente tiene veintiséis años?

—Si confiesa veintiséis —sentenció Clotilde— es porque   25 debe de tener treinta y seis.

—¡ Treinta y seis! —exclamó Enilde, tan segura de lo que decía Clotilde como si acabara de ver la partida de

---

[1] **dale**   *A common interjection indicating impatience or displeasure, perhaps best rendered here as:* there it was again.

[2] **Con que**   So

[3] **Matusalén**   Methuselah (*A Biblical character said to have lived to the age of 969 years.*)

nacimiento de Rosaura—¡Qué horror! Con razón se ha
enamorado así de Camilo. Como ya no tenía esperanzas . . .

—Oh, ¿y qué?[1] —dijo Matilde—. ¿Acaso no anda él
por los cuarenta? ¿Iba a pretender una de quince?

5   —Chicas, ¿no se enternecen? —se burló Clotilde—.
Un idilio entre dos solterones. Él la visita todos los lunes,
le lleva una caja de caramelos de leche, se sientan en la
sala, con una tía vieja que los vigila y que al rato se queda
dormida; él entonces le toma una mano, mientras le explica
10   cómo se restaura un cuadro, claro, para que ella sepa cómo
pintarse; después ella le sirve una copita de licor de naranja,
o toca al piano un vals.
Enilde y Matilde se desternillaban de risa.

—Pero no —dijo de pronto Matilde, poniéndose seria—.
15   ¿No se acuerdan que en una de las primeras cartas ella le
decía que tuviese cuidado, que podían oírlos, que tomase
precauciones? Si fuesen novios como tú dices . . .

—Es cierto, es cierto —asintieron las otras dos.

—Además —continuó Matilde— él los lunes viene a
20   cenar a la misma hora de siempre, y después no sale.

—Es cierto, es cierto —exclamó Clotilde—. No se me
había ocurrido. Quiere decir que se encuentran durante el
día.

—La visitará de día.

25   —Sí, ¿y los obstáculos, las precauciones, aquello de
que las paredes oyen?[2]

Esta vez no quise intervenir en la conversación. Las dejé
que hablaran, que se desfogaran, que supusieran los dis-
parates más grandes. No me sentía con ánimos para reñirlas.
30   A la semana siguiente, una trenza rubia, sedosa, larguísi-
ma, apareció entre los papeles rosas. Y en la nueva carta

[1] **¿y qué?**   so what?
[2] **aquello . . . oyen**   that business about the walls having ears

Rosaura escribía: "La trenza que te regalé ayer la guardaba desde mis quince años, cuando creí que cortar mi trenza de niña era como romper la crisálida y convertirme en mujer." A mí la trenza me pareció divina. Las muchachas, en cambio, le hallaron olor a viejo. Como si una trenza guardada durante tantos años pudiera oler a otra cosa. Además, el gesto les pareció cursi.

—Esta Rosaura —decía Clotilde con desprecio—debe de ser de las que guardan flores y mariposas entre las páginas de la *Rimas de Bécquer*[1] o de *La amada inmóvil*.[2]

Un lunes dije en casa que iba a hacer unas compras. Alrededor de las cinco de la tarde llegué al tallercito de Camilo, en la calle San Martín. Si él estaba, le diría que como pasaba cerca... Pero el taller lo encontré cerrado. No cabía duda. Camilo había ido a verse con la misteriosa Rosaura.

❦

CUATRO

FINALMENTE, A LA OCTAVA CARTA DE ROSAURA, TODO SE solucionó de la manera más feliz.

Fue, naturalmente, un miércoles. Alrededor de las diez de la mañana oí la voz del cartero, oí el timbre de la puerta de calle, oí la corridita de la señorita Eufrasia. Yo no me moví. Me quedé en mi sitio, en la galería, pelando habas. ¡Adelante, adelante! Que Rosaura metiese en mi

---

[1] *Rimas ... Bécquer*   a volume of poetry by the nineteenth-century Spanish Romantic poet, Gustavo Adolfo Bécquer

[2] *La ... inmóvil*   a romantic poem by the Mexican poet, Amado Nervo

honrada casa sus cartas y sus perfumes y sus trenzas y sus
juramentos de amor y todo lo que quisiera. ¿Qué me
importaba a mí?

   Pero Jesús, ¿qué ocurría? ¿Por qué la señorita Eu-
5 frasia venía a la carrera, agitando en lo alto un nuevo y
bendito sobre rosa?

   —¡Mire, mire! —me gritó desde lejos.
   Llegó junto a mí jadeando y me entregó el sobre.
¿Pero no era la misma historia de siempre, acaso? ¿No
10 era la misma letra redonda y...? De pronto noté que en
aquel sobre faltaba algo. No sabía qué, pero algo. Lo leí
con mayor atención. ¡Claro está, claro está! ¡Faltaba el
nombre de Camilo Canegato! El sobrescrito decía: "Señor
Hospedería *La Madrileña*. Calle Rioja...", etc. Y nada
15 más. Faltaba el nombre de Camilo.

   Miré a la señorita Eufrasia.
   —Usted tiene derecho a abrir ese sobre —murmuró.
   Fingí no comprender.
   —¿Yo? ¿Por qué?
20 La acometió un súbito entusiasmo, que la hizo ponerse
colorada.
   —Allí dice: "Señor Hospedería *La Madrileña*". Luego,
viene dirigido a la hospedería. Luego, viene dirigido a
usted, que es la propietaria de la hospedería.
25   —¿Usted cree?
   —Pero le digo que sí. Es evidentísimo.
   Yo, aunque estaba encantada con aquella teoría,
porque abriendo la carta y haciendo público el idilio de
Camilo me vería libre del tormento del silencio, no quise
30 mostrar que me había convencido tan pronto. Llamé a mis
hijas, les dije lo que ocurría, les pedí su parecer, discutimos
un rato. Yo aparentaba ser la menos decidida, para que
después la señorita Eufrasia no dijese que yo no había

tenido ningún escrúpulo en apoderarme de una carta que era "evidentísimo" que no me pertenecía. Pero ahora era ella la que más porfiadamente trataba de derribar esos escrúpulos.

—Según las leyes —decía, mirándonos a todas y levantando un dedo, como un orador en la plaza—, según las leyes, la correspondencia es de la exclusiva propiedad de la persona física o ideal a la que va dirigida. Y este sobre viene dirigido a la hospedería. Así que usted, señora Milagros, que es la dueña, tiene el derecho . . .

—Sí, sí —le contestaba yo, meneando la cabeza—, pero los otros siete sobres . . .

—¿Por qué no puede ser —me interrumpía acaloradamente— que la misma persona que ha estado escribiéndole al señor Canegato ahora le escribe a usted? A lo mejor tiene algo que comunicarle.

—No, no —volvía yo a decir—, debe de ser un error.

—¿Pero qué obligación tiene usted de creer que es un error? ¿Y por qué ha de ser un error? ¿A ver, por qué?

—Seguramente la mujer que le escribe a Camilo . . .

—Ah, ¿usted sabe que es una mujer . . .?

—Digo, no sé —vea que soy estúpida—, me parece a mí, por la letra y el papel perfumado. Bueno, quienquiera que sea, esa persona se habrá olvidado de poner el nombre de Camilo.

—Se habrá olvidado, se habrá olvidado. No sea usted tonta —hasta me insultaba—. ¿De dónde saca que es la misma persona? ¿No puede ser algún otro, que da la casualidad que usa el mismo papel y el mismo perfume? La letra me parece distinta.

Ay, señor, como yo digo: la gente instruida es tan mala como la ignorante, sólo que con más argumentos.

Al cabo de un buen rato, estuvimos las cinco de acuerdo

en que yo podía abrir el sobre sin violar ninguna constitución,
ley o código, porque las siete cartas anteriores, y la letra redonda y el perfume a violetas, y el color del papel, no
alcanzaban a suplir la falta del nombre de Camilo Canegato
5 en el sobrescrito de la octava carta. Entonces me puse de
pie y solemnemente dije:

—Está bien. Me convencieron. De modo que si usted
me permite, señorita Eufrasia . . .

Y me quedé mirándola, mientras sostenía el sobre
10 contra el pecho, como para darle a entender que me corres-
pondía leer la carta a solas. Pero aquello era una condena
demasiado terrible para la señorita Eufrasia. Dejando a un
lado malignidad y orgullo, pidió clemencia, quiero decir, me
pasó el brazo por la cintura, y murmuró:

15 —Léala aquí, querida. Usted sabe que soy persona
discretísima.

Y agregó, ya en un susurro de agonía:

—¡Por favor!

Se hubiera merecido que, aplicando sus teorías sobre
20 la inviolabilidad de la correspondencia y otras zarandajas,
me hubiese ido a leer la carta a solas, en mi dormitorio.
Pero, después de hacer un gesto grosero de resignación,
que ella tuvo que soportar en silencio, abrí el sobre y
extraje, con dedos temblorosos, se lo confieso, los pliegos
25 de la carta, tres, ni uno menos, y comencé a leer en voz alta.

Yo y mis hijas, sin habernos puesto de acuerdo, nos
apprestábamos a fingir sorpresa. Pero no hubo necesidad de
ningún fingimiento, no, señor. Al contrario. La carta era
terrible. Parecía escrita a sangre y fuego. Yo, de jovencita,
30 era muy aficionada a los folletines que publicaba un diario
de mis tiempos donde los protagonistas, ella y él, se amaban
como cerdos, aunque nunca llegaban a consumar sus amores,
porque o se suicidaban o se morían de tuberculosis, pero

entretanto se enviaban el uno al otro unas cartas larguísi-
mas, que ocupaban lo menos cuatro o cinco números del
diario, y que, llenas de protestas de amor, de llamadas
al cielo y a la tierra, de juramentos y maldiciones, termina-
ban con un infaltable: "Tuyo hasta la muerte, Fulano",   5
o "Tuya hasta más allá de la tumba, Zutana". Pues a este
género de epístolas pertenecía la carta de Rosaura. Y luego
decía que era tímida.

La señorita Eufrasia parecía estar en el tormento. A
las primeras palabras, no más, comenzó a pasarse el pañuelo   10
por los labios. Después se puso a lanzar exclamaciones que
no se sabía si eran de gozo o de horror, y terminó por chillar
como si la estuvieran matando. Mis hijas, por su parte,
también festejaban cada frase de Rosaura con grandes gritos
y, como siempre, con una que otra risa.[1] Tan escandalosas   15
fueron al cabo las voces que levantaban entre las cuatro, que
algunos huéspedes salieron de sus habitaciones y se acercaron.

—¿ Se puede saber qué pasa ? —preguntó Coretti. Pero
un poderosísimo chistido de la señorita Eufrasia lo llamó
a silencio.   20

A mí, ni el vozarrón de Coretti había logrado que
interrumpiese la lectura. Creo que llegó un momento en
que leí para mí sola. "Oh fundirse", decía Rosaura, "oh
fundirse en un solo cuerpo. Oh este amor que se levanta de
mi carne a tu carne como la plenamar hacia la luna." Y yo   25
levantaba la voz como la plenamar hacia la luna; repetía
las frases ardientes de Rosaura como si fuesen mías; gritaba,
en el patio, delante de mis hijas, delante de mis huéspedes:
"Camilito, monadita mía, niño mimoso y sensual."[2] Y
la señorita Eufrasia me hacía eco con sus gemidos.   30

[1] **con . . . risa**   with a certain amount of laughter
[2] **Camilito . . . sensual.**   Camilito, my sweet boy, my soft, sensual
child.

Llegué, por fin, al consabido: "Tuya hasta la muerte, Rosaura". El jaleo, alrededor de mí, culminó. Creí despertar de un sueño o de una borrachera. Levanté la vista. Y lo primero que vi fue la cara de David Réguel.

5   Quiero decirle unas pocas palabras acerca de este David Réguel. Hace dos años que vive en mi honrada casa. Estudia para abogado y al mismo tiempo trabaja como corredor de seguros. Pero no es de esto de lo que quería hablarle, sino del carácter que tiene y de las cosas raras

10   que sabe. Habla creo que en cinco idiomas y escribe en otros cinco. Usted lo ve siempre con un libro bajo el brazo. ¡Y qué libros, Dios me ampare! Libros, estoy segura, excomulgados por el Papa. Si a usted se le ocurre conversar de cualquier cosa corriente, pues se acerca él, le dice que

15   usted no sabe nada y le enjareta una conferencia de cuatro horas, después de la cual conferencia usted sabe menos que antes, porque de cada tres palabras que emplea, dos son de las que están en el diccionario. Desde el punto de vista de la inteligencia es un fenómeno. Y eso que tiene nada más

20   que veintidós años. Lástima que sea feo. Bueno, si es o no feo, nadie lo sabe, porque gasta unos anteojos tan enormes que le borran la fisonomía, no se le ven más que los anteojos. A mí siempre me ha dado un poco de miedo, sobre todo desde el día en que, porque insinué aumentarle el precio

25   de la pensión, se puso demente y me amenazó con no sé cuántas leyes y penas y represiones. Desde entonces evito discutir con él. Ah, sí, a labia no hay quien le gane,[1] ni siquiera Clotilde, que para eso se pinta sola.[2]

—Pues este David Réguel, que la mañana que le cuento

30   había salido temprano, estaba allí de vuelta, en el patio, como caído del cielo, y seguramente había escuchado buena

---

[1] **a . . . gane**   no one can outtalk him

[2] **que . . . sola**   who has a real aptitude for it

parte de mi lectura. Y cuando terminé y alcé la vista, al
primero que vi fue a él, como le dije antes, a él, que me
miraba burlonamente detrás de sus anteojos.

Mis huéspedes, entretanto, preguntaban a grito pelado[1]
quién era Rosaura, y qué significaba aquella carta, con   5
todos sus juramentos de amor, y si el "Camilito" y el "niño
sensual y mimoso" era Camilo Canegato. La señorita
Eufrasia, en el centro del grupo y muy excitada, comenzó
a instruirlos, claro que a su modo.

—¿No sabían nada? —decía—. Pues sí, hace dos   10
meses, que le escribe. Una mujerzuela con la que anda
enredado. Fíense de las apariencias, señores. Un hombre
que parece tan serio . . .

Y todos abrían la boca, y no podían creer que Camilo
pudiera despertar tales pasiones, y quisieron ver la carta,   15
y la carta pasó de mano en mano, y cada uno dijo su opinión.

—¡Véanlo a Camilo, qué hipócrita! —repetía Hernández.

—¡Oh, y esa Rosaura, también! —dijo la señorita
Eufrasia—. Francamente, una mujer que se atreve a escribir   20
a un hombre esas cosas . . .

Ése es el método de ella: comenzar una frase malévola
y dejarla a medio terminar, para que los que la escuchan
la completen mentalmente y así piensen mal sin proponérse-
lo. Eufrasia Lagarto[2] debería llamarse.   25

—Señora Milagros —continuó, volviéndose hacia mí—,
usted que siempre dice cuidar de la moral de su honrada
casa, no sé cómo esta vez permite . . .

—No sé cómo esta vez permito tantas habladurías —le
completé yo, arrebatando la carta de la mano de Coretti,   30
que en ese momento la tenía en su poder.

---

[1] **a . . . pelado**   at the top of their voices
[2] **Eufrasia Lagarto**   Eufrasia Lizard

—¿ Me deja ver esa carta? —exclamó de pronto David Réguel, y avanzó con el brazo estirado.

—Disculpe —le contesté, sin mirarlo—, pero esta carta pertenece al señor Camilo Canegato.

5 —Y entonces, ¿ por qué la abrió y la leyó delante de todos?

—Porque, porque . . . —Ay, este hombre me pone nerviosa—. Pues porque no traía señas del destinatario.

—¿ Y necesitó llegar al final para enterarse de quién 10 es el destinatario? Que yo sepa,[1] usted no se llama "Camilito" ni es la monadita querida de nadie.

¡ Demonio de hombre![2] No supe qué contestarle, como siempre. Guardé la carta en un bolsillo de mi delantal y me fui a la cocina. ¡ Demonio de hombre!

15 Al mediodía Camilo no apareció a almorzar, cosa rara en él. En vano lo aguardamos todos. Pero los demás aprovecharon su ausencia para dejarle el pellejo a tiras,[3] lo mismo que a Rosaura. Especialmente la señorita Eufrasia, que hablaba y gesticulaba y se revolvía sobre su silla como 20 picada por la tarántula.

—No sé lo que pensará usted —me decía, apuntándome con el tenedor—, pero yo no pienso nada de bueno de esa Rosaura.

—¿ Por qué no piensa nada bueno de Rosaura? —le 25 preguntó Matilde.

—Jovencita —le contestó la otra. Siempre anda con lo de "jovencita", cuando se dirige a mis hijas. Y lo dice como si fuera un insulto—: usted, que dice ser seria, ¿ le escribiría a un hombre una carta así?

30 —Yo sí —exclamó Matilde. Y sus hermanas se rieron.

[1] **Qué . . . sepa**   So far as I know
[2] **¡ Demonio . . . hombre!**   Curse him!
[3] **para . . . tiras**   to drag him over the coals

—¿ La escribiría con todas esas palabrotas?

—¿ Qué palabrotas?

—No me obligue a repetirlas. Lo de "niño mimoso y . . ." etcétera.

—¿ Sensual? Sensual no es ninguna palabrota.

—Es perfecto castellano —terció Clotilde.

—En perfecto castellano se pueden decir muchas cosas indecentes, jovencita —dijo la señorita Eufrasia, y volviéndose hacia mí agregó, con una sonrisa de hiel—: Ya ve, señora Milagros, cómo piensan sus hijas. A mí, si me hubiese atrevido a pronunciar lo que esta jovencita dice que es perfecto castellano, mi madre me habría hecho levantar de la mesa.

—¡ Oh, aquéllos eran otros tiempos! —saltó Enilde, con una inocencia no sé si real o fingida.

—¡ Eran los mismos tiempos, jovencita! —chilló la señorita Eufrasia.

Iba yo a intervenir, cuando nos distrajeron grandes risotadas entre los hombres. Uno había hecho una broma a costa de Rosaura y la festejaban.

El único que parecía ensimismado era David Réguel. Pero de vez en cuando alzaba la cabeza y preguntaba: "¿ Qué edad tendrá esa Rosaura?" o: "¿ Se sabe cómo se conocieron?" Después volvía a quedar silencioso. ¿ Qué diablos le pasaba a ése?

Aquella noche Camilo regresó tarde. Cuando se sentó a la mesa ya todos estábamos en nuestro sitio. No sé cómo lo recibieron los demás. Yo no lo miré. Permanecí con la vista fija en mi plato. Sentíame enojada, y no sabía por qué ni contra quién. Le eché una rápida mirada. Estaba rojo. Traspiraba copiosamente.

La cena terminó y nos levantamos. Mis huéspedes suelen reunirse en una salita donde hacen un poco de tertulia[1]

---

[1] **hacen . . . tertulia**   they chat a bit

o juegan a las cartas. Pero, ¿ qué ocurría aquella noche?
¿ Por qué todos se quedaban de pie, como en un brindis,[1]
y no se movían y me miraban? El único que hizo ademán
de irse fue Camilo. Entonces la señorita Eufrasia recobró
5   la voz y habló:

—¡ Señor Canegato! —Camilo se detuvo en el umbral
de la puerta, sin volverse, y los demás empezaron a mirarse
entre ellos y a sonreírse—. La señora Milagros tiene algo
para usted.

10 Y la víbora se inclinó hacia mí, invitándome a entrar
en acción, pero no me miró.

—¡ Ah, sí, es cierto! —dije yo, en el tono de quien
recuerda súbitamente una cosa, y saqué del bolsillo la
carta, que impúdicamente apestaba como nunca—. Aquí
15 tiene esto para usted, don Canegato.

Camilo, que nos daba la espalda,[2] se volvió, avanzó en
medio del silencio de los demás y tomó la carta de mi mano,
rápidamente, sin levantar la vista.

—Perdone usted que haya abierto el sobre —dije—,
20 pero es el caso que . . .

¿ A quién hablaba yo? Camilo había dado media vuelta
y se había ido disparando del comedor. Apenas alcanzó
alguno a palmearle un hombro. Coretti gritó:

—¡ Bravo, Camilo, bravo!

25 Ya se sentían satisfechos. Ya todo estaba, para ellos,
en su punto.[3] Así que pasaron alegremente a la sala.

Transcurrió una buena hora, y nadie se movía. Fingí un
gran bostezo.

—Creo que es hora de ir a dormir —dije, pero, contra
30 mi costumbre, tan tímidamente, que nadie me hizo caso,

---

[1] **como . . . brindis**   as if for a toast
[2] **nos . . . espalda**   had his back to us
[3] **en . . . punto**   properly settled

excepto la señorita Eufrasia. Sin levantar los ojos contestó:
—Esta noche, no sé por qué, no tengo sueño.

¡ No tenía sueño! ¡ Y no sabía por qué! ¿ Querrá usted
creer?[1] Hasta que el reloj no dio las once, nadie se levantó.
Por lo visto, todos se sentían de fiesta, aquella noche.   5
Al fin uno a uno fueron desapareciendo.

Fuíme[2] al comedor, cuya puerta que da a la primera
galería cerré cuidadosamente, para que los huéspedes no
viesen nada. Dejé sólo una lamparilla encendida. Mandé a la
mucama a que mirase si había luz en el cuarto de Camilo.   10
Cuando volvió diciéndome que sí, fui a llamar a su puerta.

—Camilo —le dije en voz baja— venga al comedor,
que tengo que hablar con usted.

Lo esperé sentada en un sillón, los brazos cruzados sobre
el pecho. Mentalmente preparaba el discurso. Mis hijas,   15
que saben leer en mi cara, me miraban en silencio y no se
atrevían a hablar. Luego se diseminaron por los rincones del
comedor, como dando a entender que no querían complicarse en lo que yo iba a hacer. Pero a mí no me importaba
nada de ellas, ni de nadie ni de nada.   20

Por fin apareció Camilo.

—Cierra la puerta —le dije a Enilde.

Y luego lo miré a él.

—Don Canegato —comencé—, me he enterado, ya
sabrá cómo, del contenido del sobre que hoy llegó para   25
usted, como ya habían llegado otros, todos los miércoles,
desde hace dos meses. De modo que el señor anda de novio,
quizás esté por casarse, y no ha tenido la gentileza, la
deferencia de participárnoslo a nosotras, a mí, sobre todo,
que creo tener algún derecho al respecto. Francamente, me   30

---

[1] ¿ **Querrá . . . creer?**   Can you believe that?
[2] **Fuíme = Me fui.**   *A slightly literary or dramatic way of expressing the
verbal action. This inverted form is more often seen than heard.*

parece que ha sido usted un poco ingrato con nosotras.
Sí, señor, ingrato, descariñado, indiferente, no sé cuál de
estos sustantivos le cuadra a usted más.

—Vamos, siéntese —le dije, ya en otro tono—. Siéntese
5 aquí y cuéntenos quién es esa Rosaura que parece quererlo
tanto. No sea tan reservado con nosotras. ¿ No sabe acaso
cómo lo estimamos? Por lo poco que leí de la carta, me he
dado cuenta de cómo los dos se quieren. A ver, diga quién
es Rosaura, cómo se conocieron, cómo han llegado a ena-
10 morarse. A ver, don Canegato, a ver.

Entonces él se sentó en una silla, al extremo de la
mesa, y comenzó a hablar.

❧

CINCO

UNA TARDE EN QUE CAMILO HALLÁBASE[1] TRABAJANDO
en su taller, se le apareció un señor enlutado. Era un
15 caballero como de cincuenta años, de pelo canoso,
rostro enjuto, ojos claros, una gran nariz y un bigote corto
y grueso. Vestía todo de negro, de pies a cabeza, ropa de
calidad, aunque un poco a la antigua, a la moda de hace unos
años. Se veía que era persona de dinero. ¡ Hasta usaba bastón!

20 —¿ Usted es el señor Camilo Canegato? —preguntó,
como hombre acostumbrado a mandar.

A la pregunta del caballero Camilo asintió con un
movimiento de cabeza. Me lo imagino. No podría hablar.

—Tengo un cuadro —prosiguió el del bastón— que se
25 ha ennegrecido lamentablemente y amenaza cuartearse y

<hr>

[1] **hallábase**   *See note 2, p. 49.*

deteriorarse, y como se trata de una obra que tiene para mí un infinito valor, no tanto desde el punto de vista pictórico o artístico, sino en un orden más personal, usted me hará el favor de venir conmigo y ver si se puede hacer algo.

Mire qué manera de hablar, como si estuviera dirigiéndose a un sirviente. El desconocido lo miraba fijo y respiraba ruidosamente, como si estuviera enojado.

—¿Viene usted conmigo? —carraspeó—. Tengo el automóvil afuera.

Camilo asintió otra vez en silencio, se lavó, se vistió, todo en un santiamén, para que su señoría enlutada no se impacientase, y ambos salieron a la calle.

Junto al cordón de la vereda había un gran automóvil negro. Un chofer japonés corrió a abrir la portezuela del coche, y el del bigote, vea usted qué educado, subió él el primero. Atrás subió Camilo, el chofer se puso al volante y el automóvil partió. Anduvieron como media hora, Camilo no sabía por qué parajes. Llegaron a un barrio de chalets antiguos, de calles llenas de árboles, de galpones con olor a caballo. Sería Belgrano.[1] El automóvil se detuvo y el japonés hizo sonar varias veces la corneta. Pasaron unos minutos. Luego, bruscamente, el automóvil viró, subió a la vereda, Camilo vio un gran arco que avanzaba y pasaba encima del coche, y se encontró en un patio. Era un rectángulo flanqueado por altas paredes, húmedo y viejo, con algunas plantas de cementerio, cipreses y tuyas, de un verde negruzco que entristecía el ánimo. Ni una flor. Y yedra, yedra por todas partes. El enlutado descendió. Y Camilo detrás.

Llegaron a la casa, también ella amortajada de yedra. El desconocido se metió adentro, sin hacer un ademán a

5

10

15

20

25

30

---

[1] **Belgrano**   *an old, fashionable residential district in the northern part of the city of Buenos Aires*

Camilo, sin invitarlo a que entrase. Vea qué educación.
Camilo titubeó un minuto. Luego se decidió a penetrar en
la casa en pos del otro.

Después de cruzar unas oscuridades, viose Camilo en
5   un gran salón, o vestíbulo, tristemente iluminado por la
poca luz que se colaba a través de unas estrechas ventanas
de iglesia. Había allí infinidad de muebles, todos pesados,
altos, retorcidos, y cuadros, y lámparas, y adornos, y dibu-
jos, y relojes, hasta cubrirlo todo, como una selva. En el
10 piso, alfombras de medio metro de espesor, sobre las que
se caminaba como por el aire, sin hacer ruido.

Salieron del salón y pasaron a un vestíbulo más pequeño,
en el que había una escalera de mármol con barandilla de
hierro forjado. Subieron por la escalera. Camilo siempre
15 detrás. Y el otro sin volver siquiera la cabeza a ver si Camilo
lo seguía. Llegaron al piso de arriba. El desconocido anduvo
por unos corredores oscuros y alfombrados y finalmente se
detuvo delante de una puerta. Abrió la puerta y entraron
ambos en un saloncito, donde había un escritorio, varios
20 sillones de cuero y libros por todas partes. Su señoría
rompió por fin a hablar.

—Ahí lo tiene usted —le dijo a Camilo. Y le señaló un
enorme cuadro en la pared.

Camilo se paró delante del cuadro y empezó a estudiarlo.
25 Lo que tenía delante era un gran cuadro al óleo, y repre-
sentaba la figura de una señora cuarentona, hermosísima,
rubia, vestida a lo dama antigua. Llevaba el tal cuadro la
firma de un pintor famoso, pero estaba, dice Camilo,
malísimamente pintado. Aquel pintor tendría mucha fama,
30 dice Camilo, pero merecía que lo mandasen a la escuela.

Pues bien, Camilo seguía estudiando el retrato y no se
atrevía a decir nada. Esperaba a que el otro hablase. Al fin
éste le preguntó:

—¿ Cuál es su opinión?

Camilo se la dijo. Dice que el otro lo escuchó atentamente y que parecía impresionadísimo de ver cuánto sabía Camilo. El señorón repetía, a cada palabra de Camilo:

—¡ Ajá! ¡ Ajá!

Claro que sí, que estaría impresionadísimo, porque Camilo, en sus cosas,[1] es un fenómeno de hombre. El otro pensaría: "¡ Y yo que lo trataba con tanto desprecio!"

De allí pasaron a conversar sobre el arte, sobre la pintura y los pintores. Una hora conversaron, si puede llamarse conversación el estar discutiendo estúpidamente, como dos niños, si Guaguá pinta mejor que Sensén, o si Sensén vale más que Renuá.[2] Por ahí el enlutado se empeñó en que Camilo viese toda su colección de cuadros, y otra vez subieron y bajaron escaleras, y recorrieron salones y pasillos, y atravesaron bosques de muebles. "¿ Vivirá solo este hombre en una casa tan grande?" pensaba Camilo. Porque nadie más había asomado el pico.[3] Varios cuadros de la colección necesitaban también una buena mano, y así se lo hizo notar Camilo. Entonces el caballero le pidió que se encargase de restaurar todas aquellas antiguallas.

—Comenzando —dijo—por el retrato de mi difunta esposa, que es el que más me preocupa y en el que más interés tengo.

Así supo Camilo que la dama rubia era la mujer del caballero, y que había muerto. Por eso andaba él tan enlutado.

Camilo aceptó el trabajo, y entre ambos convinieron

---

[1] **en ... cosas**   on his subject

[2] **Guaguá ... Renuá**   Guaguá, Sensén, *and* Renuá *would seem to be Mila-gros' unenlightened versions of the names of the nineteenth-century French painters: Gauguin, Cézanne, and Renoir.*

[3] **asomado ... pico**   shown his face

que lo hiciese allí mismo, porque no iba a llevarse y traerse aquellos armatostes. Eligieron, a tal efecto, una salita de la planta baja, algo más soleada que el resto de la casa.

5   Y en esa salita estaban, cuando la puerta se abrió y apareció un muchacho. Camilo sólo vio una boca, una boca carnuda, gruesa, ancha, que al hablar se movía onduladamente, como un gusano.

—¿ Estás ocupado, tío? —dijo el recién llegado.

10   —¿ Qué quieres? —contestó el viudo secamente. Por lo visto, éste trataba así a todo el mundo.

—Necesito hablar contigo. Se trata del asunto de... —y dio un nombre.

—Espera un momento —dijo el viudo. Y dirigiéndose

15   a Camilo—: Usted podría comenzar mañana mismo.

—Sí, señor —respondió Camilo.

—A las tres de la tarde le mandaré el automóvil a buscarlo en su taller.

—¿ No será mucha molestia?

20   El otro lo atajó con un ademán. Se acercó luego a la pared y apretó un botón. Al minuto apareció un sirviente. El enlutado dijo a Camilo:

—Buenas tardes. —Y al sirviente—: Acompaña al señor. Dile a Homoto que lo lleve en el automóvil.

25   Y tomando de un brazo al de la boca salió de la habitación.

—Pues yo no hubiera ido más —le dije yo—. Hubiera dejado que los cuadros se le cayesen a pedazos, pero ni por todo el oro del mundo hubiese vuelto.

30   —Pero no hubiera conocido, entonces, a Rosaura —me contestó. Y en eso tenía razón.

Sí, él volvió. Volvió al día siguiente, en el automóvil manejado por el japonés. Esta vez una viejecita flaquita y con anteojos, vestida severamente, lo aguardaba junto a la puerta de la casa. Cuando Camilo se acercó, le dijo:

—¿ El señor Canegato? —Camilo hizo una reverencia—. ¿ Quiere usted seguirme?

Camilo la siguió. La viejecita lo condujo a la sala donde estaba convenido que trabajaría Camilo. Ya habían traído allí el retrato de la finada.

—Vea si necesita alguna cosa —flauteó la viejecita.

—No, no, gracias —contestó él—. Tengo todo lo necesario.

Abrió su valijín, sacó sus enseres y empezó a trabajar. La vieja no se le movía de al lado, observando con curiosidad todo lo que él hacía. Ninguno de los dos hablaba. Cuando él se encaró con el cuadro, la vieja se puso a mirar a la dama rubia como si fuese la primera vez que la veía. Era una manera de invitarlo a que le preguntase alguna cosa acerca de aquella mujer. Pero no lo conocía a Camilo. Podía estarse diez años con la cabeza ladeada, que Camilo no le diría ni mu.[1] Al fin se decidió ella a romper el fuego.[2]

—¡ Pobrecita! —murmuró.

Camilo la miró y se sonrió, como si tal cosa.

—Murió hace diez años —dijo, mirándolo con unos ojos que querían ser tristes.

—Ah —respondió él—. ¿ Usted la conocía?

La vieja se rio alegremente.

—¿ Si la conocía? ¡ Era mi hermana!

Ahora fue Camilo el que la miró. ¿ Aquella momia hermana de la dama rubia y hermosa del retrato? Pero sí, observando bien a la vieja, se le notaba algún parecido con la finada. ¡ Y él que la había tomado por un ama de llaves!

[1] **no . . . mu**   wouldn't have said "boo"
[2] **romper . . . fuego**   break the ice

—Murió de cáncer —dijo de pronto—. Y comenzó a contarle a Camilo toda la historia de la enfermedad de la hermana. Menos mal que[1] por ahí apareció el viudo, a cuya vista la vieja no sólo se calló, sino que se eclipsó 5 velozmente. No se llevarían bien los dos cuñados.

A las seis de la tarde Camilo interrumpió la tarea. Y otra vez el sirviente que lo acompañaba hasta el automóvil, y otra vez el automóvil que lo conducía de vuelta al taller.

10   En fin, señor: no quiero aburrirlo con detalles. Bástele saber[2] que, para restaurar los cuadros del viudo, Camilo fue a aquella casona durante muchos días. Y siempre en automóvil. El japonés, seguramente por orden de su amo, elegía para cada viaje calles distintas, y a Camilo le era 15 imposible, según él, reconstruir el itinerario. Yo no lo creo. Ya le diré, más adelante, la razón de esta artimaña de Camilo. Algunos días el viudo aparecía a inspeccionarle la labor, pero otros días no se hacía ver. En cuanto a la vieja, desilusionada por la poca locuacidad de Camilo, apenas lo 20 conducía hasta la sala daba media vuelta y se iba, no sin antes advertirle, todas las veces lo mismo:

—Si necesita algo, toque ese botón.

Pero un día hubo un cambio en aquellas escenas siempre iguales, y ese cambio decidió el destino de Camilo.

25   Fue un día en que el viudo no había venido. En la paz de la salita, a la luz del sol Camilo retocaba lo que él dice que era una joya, un cuadro de no sé qué pintor, un apellido italiano que ahora no recuerdo, cuando sintió de pronto una sensación rara, usted sabe, esa sensación de que alguien 30 nos está mirando la nuca. Se volvió, y entonces la vio.

De pie en el fondo de la sala, la difunta mujer del

---

[1] **Menos . . . que**   As luck would have it
[2] **Bástele saber**   It's enough for you to know

viudo lo contemplaba en silencio. A Camilo por poco se le
cae[1] lo que tenía en la mano. La aparición se sonrió y dijo
quedamente: *quietly*

—Perdóneme, no quiero interrumpirlo.

Pero no, era joven, aparentaba veinticinco años, tenía   5
el color y la belleza de la vida. Pero en todo lo demás era
la exacta reproducción de la dama rubia que había muerto
de cáncer. "Será su hija", pensó Camilo. Y reaccionando,
contestó:

—No me interrumpe, al contrario.   10

La joven avanzó unos pasos *steps* y se colocó *put* de modo que
pudiese ver todo lo que él hacía. Camilo siguió trabajando. *inhibited*
Dice que la presencia de aquella muchacha no lo cohibía,
como la del padre, ni lo fastidiaba *annoyed*, como la de la vieja. La
observó de reojo *askance*. Rubia y de cutis blanco como la que sin   15
duda era su madre, tenía, sin embargo, una expresión más
dulce, más serena que la que mostraba la dama del
retrato.

Pasaron unos minutos —él dice que fueron unos
minutos. Habrá sido media hora— sin que ninguno de los   20
dos volviese a hablar. Por fin, vea usted qué milagro, por
fin él se decidió a hablar. Tímidamente, me imagino yo, y sin
mirarla, le preguntó:

—¿Le agrada la pintura?

—Mucho —contestó ella rápidamente, señal de que   25
también ella tenía deseos de conversar. Y agregó—: Claro
que yo conocía la pintura como obra de arte, ya terminada
y eterna (gracias a mi memoria, señor, puedo repetirle
todas estas vueltas y revueltas[2] de su diálogo). Ahora la
descubro en su trastienda. *workshop*   30

---

[1] **por . . . cae**   nearly dropped. **Por poco** *is commonly used with a verb in
the present tense to express what almost happened in the past.*

[2] **vueltas . . . revueltas**   exchanges

—Y ahora que ha sorprendido a la pintura, así, en su trastienda —dijo Camilo, encantado con el tema—. ¿ siente una desilusión?

—¡Qué esperanza![1] —repuso ella—. Al contrario.
5   Siempre deseé conocer sus secretos, sus fórmulas, su técnica.

Lo que quería decir es que a ella le gustaba saber cómo se fabricaba un cuadro al óleo. No le gustaría nada, porque mire si a una joven soltera y de buena familia le iban a
10   interesar esas cosas. Sólo que él se lo tomó en serio, y la tuvo a la pobre Rosaura como una hora explicándole cómo se llamaba este color, y cómo se llama aquel otro color, y cómo si se mezcla éste con aquél sale el de más allá, y qué es lo que hay que poner primero, y qué es lo que
15   hay que poner después, y qué arriba, y qué abajo, y que si el aceite, y que si el barniz, y que si pitos y que si flautas.[2]

Rosaura estaría aburridísima. Él dice que no, que lo escuchaba con la boca abierta (sería para atajarse los boste-
20   zos), que le preguntaba mil cosas, por las que se veía que sabía mucho de arte, y que él, para explicarse mejor, tomó de modelo el cuadro que en ese momento restauraba y le mostró cómo el italiano, que era un fenómeno de hombre pintando, había usado unas pinturas que ahora,
25   con todos los adelantos, ya no se conseguían, y que entonces, para ver aquello de la pintura, ambos se habían inclinado sobre el cuadro, sus cabezas se juntaron, él aspiró el perfume que exhalaba la cabellera de la joven, sus manos por ahí se rozaron . . .
30   Pero vea usted: en lo mejor del coloquio Rosaura se enderezó, pareció escuchar algo, dijo:

[1] ¡**Qué esperanza!**   By no means!
[2] **y que si pitos . . . flautas**   and this and that and the other thing

—Bueno, ahora debo irme. Muchísimas gracias por todo.
Hasta más ver.[1]

Le tendió la mano y se fue. Camilo, a los pocos minutos,
oyó las voces del viudo y del sobrino de la boca, que hablaban en una habitación vecina. Y hablaban de negocios.

Después de aquel día volvió Camilo otros varios a
casa de Rosaura, pero a Rosaura no volvió a verla. En vano
aguardó su aparición. En vano, al salir y al entrar, escudri-
ñaba puertas y ventanas. ¿Dónde estaría? ¡Le parecía
que entre los dos había nacido tal simpatía! ¿No quería
ella, entonces, volver a conversar con él? ¿O estaría enferma? O quizás habría salido de viaje.

A la que Camilo veía siempre era a la vieja. Pero a la
vieja no le preguntó una sola palabra. Hasta que llegó el
día en que la restauración de los cuadros quedó lista. Ese
día el viudo se acordó de hacerse otra vez el amable, se
declaró satisfechísimo de la labor de Camilo, y le pagó
espléndidamente. Camilo le entregó su tarjeta.

Y ya guardaba sus cosas, y ya se despedía mentalmente
de la joven rubia y dulce, cuando el viudo, que seguía
mirando la tarjeta, dijo:

—Leo aquí que usted se especializa en retratos al óleo.

—Sí, señor —repuso Camilo.

—Ajá.

El otro se quedó un rato silencioso. Luego se rascó la
barba y murmuró:

—Estaba pensando ... —y como quien se decide a
algo, agregó en voz alta—: Me gustaría que usted pintase
el retrato de un miembro de mi familia. Sería un modelo
vivo, esta vez. Me gustaría un retrato del mismo tamaño
del de mi difunta esposa y, si es posible, de un estilo pictórico semejante. Quiero decir: así, impresionista.

---

[1] **Hasta ... ver.** Good-by now.

Camilo retrata a Rosaura mientras la tía duerme.

A Camilo se le iluminó la cara de contento. Porque lo primero que pensó fue que el miembro de la familia a que se refería el viudo era la hija, esto es, la joven que él conocía. Porque el viudo no iba a gastar plata en un retrato de la cuñada y menos del sobrino, con aquella boca que iba a parecer una mancha en medio del cuadro.

—Bien, ¿ qué me contesta?

Ya se imaginará lo que le contestó Camilo: que sí, que de mil amores.[1] Quienquiera fuese el modelo, lo que importaba era seguir yendo a aquella casa.

—Se trata de mi hija —continuó el viudo, que parecía que leía los pensamientos a Camilo—. Es muy parecida a la que fue su madre. Ya lo comprobará cuando la conozca.

Camilo sudaba de gozo. ¡Era ella! ¡Y no le había dicho nada, al padre, que ya se conocían!

—Usted podría venir, digamos una vez a la semana, o dos veces. Eso ya se verá. No más de una hora por día, con algún intervalo. Es una muchacha un poco delicada.

—Sí, señor. Sí, señor —repetía Camilo, radiante.

—El lugar, el traje, la luz, la pose, ya lo arreglarán ustedes dos. Entonces, lo espero el lunes que viene, a la hora de siempre.

Bien, señor. Abreviaré. La persona cuyo retrato debía pintar Camilo resultó ser, como él ya lo había adivinado, la muchacha rubia, o sea Rosaura. Y todos los lunes él fue allá a pintar el retrato de Rosaura. Lo pintaba en la misma salita donde había hecho el otro trabajo. Rosaura, vestida con un traje de fiesta, sentábase en un sillón, junto a una ventana. Y él la retrataba de tres cuartos de perfil. Pero no estaban solos, no vaya usted a creer. La tía también venía y se quedaba de centinela toda la tarde. La mandaría el viudo para que vigilase, o porque le parecería mal que

[1] **que . . . amores**   with pleasure

su hija estuviera a solas con un hombre. ¿ Qué se pensaba?
¿ Que Camilo iba a retratarla desnuda, o que iba a apro-
vecharse de la ocasión para cometer con ella alguna fechoría? Y si pensaba que la vieja servía de algo, estaba frito.[1]
5 Porque la vieja en seguida cabeceaba y se dormía como un
tronco. Camilo dice que se dormía. Yo no sé. Me hubiera
gustado ver si estaba tan dormida como aparentaba. En
cuanto al viudo, no aparecía nunca. El que sí se asomó
una vez, fugazmente, fue el de la boca.
10   El resto usted ya se lo imagina. A lo largo de las sesiones
de pintura, Camilo y Rosaura se enamoraron uno de otro
como dos chiquilines. Y la pasión, primero tímidamente,
luego irresistiblemente, estalló entre ambos como un
incendio. Fue un caso de esos que salen en las novelas.
15 Y mientras hablaban y se miraban la vieja roncaba, o
fingía roncar. Y con todo aquello la pintura del retrato
avanzaba lentamente, porque Camilo, en realidad, sólo
pintaba en firme cuando la vieja estaba despierta.
    Pero ambos no se sentían tranquilos. Temían la aparición,
20 en cualquier momento, de alguien, del padre, sobre todo.
Y esa zozobra les amargaba la dulzura de quererse.
    —¿ Y por qué, vamos a ver, por qué? — dije yo—.
¿ Acaso hacen algo malo? ¿ Acaso enamorarse es un delito?
    No, pero a Camilo le parecía que aquel amor no podía
25 ser.
    —¿ Y por qué no puede ser?
    ¡ Rosaura era tan rica, y él tan pobre! ¡ Sus mundos
respectivos eran tan distintos!
    Pero no era sólo él. Ella también andaba siempre
30 sobresaltada, temiendo a cada rato[2] que alguien los oyese
o los sorprendiese en actitud equívoca. Parecía, pues, que

[1] **estaba frito**   he was dead wrong
[2] **a . . . rato**   constantly

también para ella aquel amor era una cosa que había que mantener oculta.

Fuese por lo que fuese,[1] Rosaura no se atrevía a hablar con él, personalmente, todo lo que deseaba. Y entonces, para desquitarse, resolvió escribirle. Y todas las semanas,   5
en efecto, le escribía ella una carta. Y éstas eran las cartas rosas que llegaban los miércoles a *La Madrileña*. Y si él no le enviaba, a su vez, otras tantas, era porque el padre revisaba toda la correspondencia. Y en este punto de su idilio andaban, cuando Rosaura olvidó poner en el octavo   10
sobre el nombre del destinatario, y pasó lo que usted ya conoce.

—¡ Ah, don Canegato, don Canegato! —dije, cuando él terminó de hablar—. ¡ Qué rica aventura la suya! ¡ Qué cosa que me parece tan a la antigua, tan de otros tiempos,   15
no como los noviazgos de ahora! ¡ Lo felicito! ¡ Y usted, parece mentira,[2] sin decirnos nada!

—Es que —repuso él—, usted sabe, señora Milagros. Como se trata de algo que todavía no es formal . . .

—¿ Cómo que no es formal? ¿ O usted la quiere a   20
Rosaura para otra cosa que no sea el matrimonio?

—No, yo no me refiero a eso. Digo que es algo que sólo ella y yo sabemos.

—Y ahora lo sabemos también nosotras, que es lo que corresponde.   25

—Bueno, pero la carta de hoy . . .

—La carta de hoy, nada. ¿ Usted lo dice por los otros huéspedes? No están enterados de nada. Lo único que saben es que usted recibió una carta, que la carta es una carta de amor y que la firma una tal Rosaura. Y aunque sepan todo lo   30
demás, ¿ qué hay de malo?

---

[1] **Fuese . . . fuese**   For whatever reason it may have been
[2] **parece mentira**   it seems incredible

—A Réguel no le digan nada.

—Ni a Réguel ni a nadie. ¿ Y por qué a Réguel? ¿ Se piensa que vamos a contarle a Réguel más que a los otros? Y ahora, basta de charla y a dormir, que es muy tarde. Don Canegato, buenas noches y nuevamente mis felicitaciones. ¡ Estoy tan contenta! Ya la quiero a su Rosaura como a una hija. Ah, y cada vez que la vea, déle nuestros saludos. Me imagino que le habrá dicho que nosotras somos como una familia para usted. Buenas noches. Y usted, quítese de la cabeza esas ideas de que Rosaura es demasiado para usted. Buenas noches.

Al levantarnos para irnos a dormir vi que, durante todo aquel tiempo, la mucama había estado en un rincón del comedor, oyendo todo el relato de Camilo y nuestra conversación.

—Hija mía —le dije—, no repita a nadie ni una sola palabra de lo que aquí se habló.

La pobre es un poco tonta y algo sorda. No creo que oyese mucho. A mí, al menos, pareció no oírme. No me contestó y se fue en silencio a su cuarto.

❀

SEIS

A PARTIR DE ENTONCES ROSAURA ESTUVO PRESENTE EN nuestras conversaciones y en nuestro propio corazón. Acabamos por quererla como a una persona de la familia, como si la conociéramos, nada más que por saberla novia de Camilo. Bueno, novia, novia, no lo era aún. El

padre ignoraba todo. En serio no habían hablado todavía.
Pero se amaban locamente. Cada lunes, a la noche, pre-
guntábale yo cómo le había ido esa tarde. Y él me lo contaba
todo, punto por punto.

Le diré que, a despecho de nuestra discreción, los   5
demás huéspedes terminaron por enterarse de todos los
detalles del idilio. Esas cosas no se pueden ocultar. Usted no
sabe cómo, pero a la final todos saben todo.

Las muchachas se lo pasaban espiándolo.[1] Que hoy ha
vuelto más tarde. Que ayer parecía triste. Y que Rosaura   10
debe de ser linda. Y que no, que es fea. Matilde, sobre todo, se
había ensañado con Rosaura. No había forma de quitarle de la
cabeza la idea de que la otra estaba obligada a ser una mona.

—Dígame, Camilo —le dije un día a nuestro hombrecito—, nos gustaría que nos trajese alguna fotografía de   15
ella. ¿ Por qué no se la pide?

—Este, no será necesario, porque . . .

Vea usted qué pícaro. Resulta que el retrato de Rosaura
estaba casi terminado, pero Camilo pintaba otro retrato de
Rosaura, más pequeño, para guardarlo como recuerdo.   20
En cuanto la vieja cabeceaba y cerraba los ojos, sacaba
él el cuadrito del valijín y le daba a los pinceles.[2] "Cuando
te vayas", escribíale Rosaura en una carta, "tendrás ese
recuerdo mío. Y hasta le pondré una dedicatoria. Y desde
el cuadro, glorificada por tu arte, te contemplaré eterna-   25
mente y no podrás olvidarme jamás." Una leve insinuación
para que él fuese pensando en el día en que dejaría de concurrir a su casa y para que, en consecuencia, tramase ya la
forma de seguir viéndose. Así se lo hice notar a Camilo, que
se quedó sorprendido: no había pensado que tal podía ser   30
la intención de Rosaura.

[1] **Las . . . espiándolo.**   The girls spent their time spying on him.

[2] **le . . . pinceles**   would set to work on it with his brushes

—Y otra cosa —le dije—: en cuanto el retrato esté listo, el retrato pequeño, digo, pues lo trae por aquí. A falta de fotografía...[1] Aunque ya sabemos que usted hace unos retratos que son como fotos.

5 Y así fue. Una noche vi que entraba en casa con un envoltorio chato y rectangular, que metía furtivamente en su cuarto. En seguida supe que era el retrato de Rosaura. Puse sobre aviso[2] a mis hijas, y en un momento en que nadie nos oía le pregunté a Camilo:

10 —¿Lo trajo?

—Sí —susurró, mirando miedosamente en derredor.

—Después de cenar. En su habitación. Cuando los otros se hayan acostado.

Tal como lo convinimos, una vez que los huéspedes se 15 fueron a dormir, yo y mis hijas, como cuatro contrabandistas, nos metimos en la habitación de Camilo.

—¡A ver, a ver! —dijimos. Pero él se puso un dedo en los labios, reclamando silencio—. ¿Qué pasa?

—¿No hay peligro?

20 —¿Peligro de qué?

—De que alguien venga.

—Pero no, todos duermen. Y si alguien viene, ¿qué hay?

—No, no quiero, no quiero. Ustedes saben cómo son.

25 —Está bien. Le digo que duermen.

—¿Réguel también?

—Réguel se fue al cine y no volverá hasta pasada la medianoche.

—¿Y Coretti?

30 —Ronca como un cerdo.

—¿Y la señorita Eufrasia?

---

[1] **A... fotografía**   Since we don't have a photograph
[2] **Puse... aviso**   I passed the word

Protestamos a coro, aunque en voz baja:

—¡Por Dios, don Canegato! Duermen todos. ¡Apúrese! ¡Queremos ver el cuadro!

Tomó el envoltorio, lo depositó amorosamente sobre la cama y empezó a desenvolverlo. Y el rostro de Rosaura apareció ante nosotras.

En suaves tonos rosas y azules, con reflejos dorados, el cuadro reproducía la imagen de una muchacha rubia, de ojos celestes, de boquita pequeña y roja, y con una expresión tan dulce en toda la fisonomía, de tanta bondad, de tanta pureza, que parecía esas madonas que nos contemplan desde la cúspide de los altares.

La miramos y nos miramos luego entre nosotras. Mis ojos debieron expresarles a mis hijas lo que yo pensaba.

—Don Canegato —dije solemnemente, y él intentó mirarme, pero en seguida fijó los ojos en el suelo, y le corrieron gruesas gotas de sudor por la frente—, Rosaura es preciosa. Lo felicito.

Clotilde y Enilde asintieron con grandes palabras calurosas, en las que yo adivinaba una punta de arrepentimiento por haber pensado tantas atrocidades de Rosaura. Claro que Enilde, siempre traviesa, no dejó de hacer de las suyas.[1]

—Camilito —dijo—, aquí Rosaura es realmente hermosísima. Pero usted, ¿eh? ¿no la habrá hecho un poquito más hermosa todavía?

—Calla, calla —la atajé yo—. Acuérdate del retrato que nos hizo a nosotras. ¿Te ha hecho a ti más linda, o te sacó tan fea como eres?

Matilde, que había estado todo el tiempo callada, prorrumpió de pronto en un:

—Hermosísima es demasiado.

---

[1] **hacer . . . suyas** make a typical remark

—¿Por qué demasiado? —le preguntó Enilde, muy divertida.

—Linda, querrás decir. Una mujer rubia y de ojos claros nunca puede ser hermosísima.

5   ¡Dios mío, qué escándalo de muchachas! Se ponían a hablar de Rosaura como si Camilo no estuviera allí oyéndolas.

—¡Matilde, Matilde! —le dije por lo bajo,[1] pellizcándola.

10   —Mamá, la verdad no debe molestar a nadie. Si digo que Rosaura para mí es sólo bonita, es porque . . .

—Es porque tú no la miras con la óptica engañosa del amor—concluyó Enilde, riéndose.

—¡Cállate, mocosa! —gritó Matilde en medio del
15   silencio.

—¡A callar![2] —grité yo a mi vez—. ¿O quieren que se despierte todo el mundo, y vengan a meter sus narices,[3] y el pobre Camilo, contra sus deseos, se vea obligado a exhibir el retrato de Rosaura como si fuese un diploma?
20   Camilo, para alejar la tormenta, dijo suavemente:

—Aquí, este, aquí puso una dedicatoria.

Dio vuelta al cuadro, y en el reverso vimos que en efecto, Rosaura había escrito, con su letra redonda tan conocida de nosotras: "A Camilo, con todo mi amor,
25   Rosaura."

Y en eso estábamos, señor, en eso estábamos, inclinadas las cuatro sobre el retrato, leyendo la dedicatoria, cuando de pronto la puerta que nadie pensó cerrar con la llave se abre violentamente, aparece David Réguel, las cuatro nos
30   incorporamos, nos abrimos como los pétalos de una flor,

---

[1] **por . . . bajo**   in an undertone
[2] **¡A callar!**   Be quiet!
[3] **a . . . narices**   to stick their noses in

ponemos al descubierto el cuadro, David Réguel se entra en
la pieza, ve el cuadro, lo toma, lo alza, lo mira y exclama:

—¿Qué es esto? "A Camilo, con todo mi amor, Rosaura."
¡Qué me dice!¹ ¿Así que ésta es Rosaura? ¿Y lo pintó
usted? ¡Pero qué bien! ¡Lo felicito, lo felicito! Y me parece   5
cara conocida. Y ahora dígame, ¿no tendría una aspirina?
Volví del cine con un dolor de cabeza bárbaro, y como vi
luz en su cuarto . . .

No creo que sea necesario decirle que, al día siguiente,
todos estaban enterados de que Camilo había traído un   10
retrato al óleo de Rosaura. Y, claro está, todos quisieron
verlo. Se metieron en la habitación del pobre como en un
negocio en liquidación.² Y los hubiera usted visto, con las
narices en el rostro de Rosaura, echados sobre su imagen
como queriéndosela comer, como si, en cambio de un cuadro,   15
aquello fuese Rosaura en carne y hueso. Y los comentarios,
los hubiera usted oído, no se cuidaban ni poco ni mucho de
ofender al novio; las opiniones, las conjeturas, las preguntas
con doble intención.

El pobre Camilo sudaba de agonía. Le parecería que le   20
manoseaban a Rosaura. Y ese Réguel, repitiendo a cada rato:

—Me parece conocerla, me parece conocerla.

Cada vez que lo decía, Camilo volvíase pálido como un
muerto. Qué iba a conocerla.³ Lo decía nada más que para
darle celos y hacerlo sufrir. Porque, lo mismo que a Coretti   25
y a Hernández, les fastidiaba ver que aquel hombrecito se
había conquistado una mujer tan hermosa.

Mis hijas, ni con la efigie de Rosaura delante de los
ojos se dieron por convencidas.⁴

¹ **¡Qué me dice!** Well, what do you know!
² **en liquidación** having a big sale
³ **Qué . . . conocerla** How would he know her?
⁴ **se . . . convencidas** were convinced

—Algo raro hay en este idilio —decía Clotilde—. No es posible que una mujer joven, hermosa, rica, se enamore hasta ese punto de Camilo. ¡Vamos, como si faltasen hombres!

5   —Claro que hay algo raro —asentía Enilde—. Será renga, o tuberculosa, o algo así.

Yo, por mi parte, hubiera querido echarle un vistazo[1] al palacete donde vivía Rosaura. Pero ya le dije que Camilo ignoraba, o hacía como que ignoraba, la verdadera dirección

10   de la muchacha, pues él iba y venía en el automóvil del japonés. Nosotras sospechábamos que era un recurso para evitar que nos metiésemos en sus cosas.

Un lunes a la noche lo hallé medio alicaído.

—¿Qué ocurre? —le pregunté.

15   Ocurría que aquella tarde había aparecido el enlutado a inspeccionar el trabajo, y al ver el retrato había dicho:

—¡Pero esto ya está terminado!

Rosaura se había puesto pálida. La vieja se había despertado y, no sabiendo qué hacer, se levantaba y volvía

20   a sentarse como veinte veces. Y Camilo había balbuceado:

—Falta una mano de barniz.

—Entonces, el lunes que viene usted terminará —dijo el padre, como quien da una orden. Y Camilo contestó:

—Sí, señor.

25   Y ahora ni él ni Rosaura sabían qué hacer.

—A usted le toca[2] adoptar una decisión —le dije yo.

—¿Una decisión? ¿Qué decisión?

—Hombre, ¿y todavía lo pregunta? Hablarle al padre. ¿O no tiene usted agallas para decirle francamente que

30   usted y Rosaura se quieren y pedirle permiso para seguir visitándola?

---

[1] **echarle ... vistazo**   have a look
[2] **A ... toca**   It's up to you

—Es lo que yo le insinué a Rosaura en cuanto se fue el padre. Pero, apenas se lo dije, me lo prohibió terminantemente, por lo menos hasta que . . .

—¿ Hasta que qué?

—Hasta que ella arregle otro asunto.   5

—¿ Otro asunto? ¿ Qué asunto?

—No quiso decírmelo.

El lunes la entrevista fue breve y dolorosa.

—¿ Cuándo nos volveremos a ver? —le preguntó Camilo, tomándole las manos.   10

—Yo te haré llegar mis noticias —contestó ella, en un murmullo.

—Y entretanto, yo ¿ qué debo hacer? —insistió Camilo.

—Nada, nada, sino esperar.

—¿ Pero esperar qué?   15

—No me lo preguntes. Ya te lo diré a su debido tiempo.[1]

—Pero entonces, ¿ es esto una despedida?

—¡ Oh, no, no! —protestó Rosaura, vehementemente—. Pronto, pronto se arreglará todo, y volveremos a vernos, a estar juntos, a ser felices. Ahora es necesario esperar.   20

—Pero esperar así, en el vacío —dijo Camilo—, sin saber qué tengo que esperar, es la peor de las esperas.

—Yo te llamaré —exclamó Rosaura—. Sé donde vives, y cuando llegue el momento oportuno te avisaré. Antes . . .

—¿ Antes?   25

—Nada, nada. Seré tuya y no de otro. Adiós.

Y con un movimiento brusco, dio media vuelta y se fue.

Camilo comenzó a guardar lentamente sus cosas. Pasó un buen rato, y nadie venía. A él le pareció que había pasado media hora, pero serían diez minutos. Al fin apareció la   30
vieja, con un sobre en la mano, que entregó a Camilo. Eran sus honorarios, que el viudo se los mandaba así, como si él

[1] **a . . . tiempo** in due time

fuese un mendigo a la puerta. Tomó el sobre como un autómata. No le interesaba ese dinero. Ese dinero ni ningún dinero. Ni nada ni nadie, excepto Rosaura.

—Señora —le dijo Camilo—, yo querría ... Rosaura y

5   yo ...

—Ya sé, ya sé ... —asintió la vieja, sonriéndose. Fíjese, sabía todo. ¡ Y se hacía la dormida!—. Confíe en Rosaura. En Rosaura y en mí —agregó.

—Sí, pero ella me ha dicho ... ¡ Estoy desesperado!

10   —Es mi cuñado. Se opone a que usted y ella ... Apenas Rosaura le dió a entender ayer que entre ustedes dos había cierta simpatía, se encolerizó terriblemente. Dice que no permitirá que su única hija se le vaya tras de un pintor, tras de un bohemio que le hará pasar hambre. Fue toda una

15   escena.

—Además —prosiguió la vieja, encantada de la impresión que sus palabras causaban en el otro—, lo grave es que Rosaura ya está de novia.[1]

Camilo lanzó un gemido de angustia.

20   —Sí, con un primo segundo, usted debe de haberlo visto alguna vez, un muchacho de labios gruesos ... —¡ Era el de la boca en forma de tajada de sandía![2]—. Pero Rosaura no lo quiere. Es un hombre que no sabe hablar sino de negocios. Ella lo quiere sólo a usted. Pero no

25   se preocupe, el padre cederá. Entre Rosaura y yo iremos convenciéndolo.

Camilo estaba seguro que la vieja intervenía a su favor sólo para llevarle la contraria[3] al cuñado.

—Sí, pero entretanto yo ... —dijo Camilo.

30   —Usted no intervenga, por ahora. Sería peor. Espere

---

[1] **está ... novia**   is engaged
[2] **tajada ... sandía**   watermelon slice
[3] **llevarle ... contraria**   to go against

a que Rosaura o yo le mandemos una carta a su casa,
avisándole, o me dé yo una vueltita por su taller. Ya
encontraremos la manera de tenerlo al tanto —y como
Camilo intentase hablar, añadió—: Déjelo por nuestra
cuenta.[1]   5
Y levantó una mano. Parecía que le daba la bendición.
Él, sintiéndose despedido, tomó su valijín, saludó y se fue.
—¡ Ah, de modo que era eso! —exclamé—. Pero no sea
usted tonto. Yo, de usted,[2] pues iba allá a defender mi
causa, y a hablar con el padre.   10
—Pero Rosaura me dijo que mi intervención sería
contraproducente, y la tía también.
—¿ Pero va a dejar que la obliguen a casarse contra su
voluntad, como si fuera una esclava mora? ¡ Y con quién,
Dios me ampare, con quién! Con aquel fulano de la boca,   15
que nada más que de pensar que va a besarla, a mí me
pondría demente. Oiga, ¿ quiere que yo lo acompañe? Pues
vamos juntos los dos allá, y ya verá usted . . .
Me interrumpió, enojadísimo:
—¡ Señora Milagros! ¡ Lo que faltaba!³ ¿ Quiere echarlo   20
todo a perder?[4]
—¡ Don Canegato! —no pude menos que exclamar,
mirándolo estupefacta.
Jamás lo había visto así, tan enérgico.
—Nuestra intervención —murmuró— no serviría de   25
nada. Al contrario.
Pero su actitud ya me había herido en lo más hondo del
alma. Di media vuelta y salí de su cuarto sin pronunciar
palabra.

---

[1] **Déjelo . . . cuenta.**   Leave it up to us.
[2] **de usted**   in your place
[3] **¡ Lo . . . faltaba!**   That's all I need !
[4] **¿ Quiere . . . perder?**   Do you want to spoil everything?

SIETE

ASTA QUE, UN LUNES, LLEGARON NOTICIAS DE RO-
saura. Quiero decir, llegó una nueva, y última, carta
suya. Permanecí un rato, de pie en el vestíbulo, con
aquel sobre delante de los ojos. ¿Qué diría Rosaura?
¿Diría: "Ya todo está arreglado, ven, te espero", o "Todo
terminó entre nosotros"? La impaciencia de saberlo me
impulsaba a abrir el sobre, pero otro sentimiento, un
sentimiento hasta entonces desconocido para mí, un pudor,
una vergüenza, vagamente me hacía ver que aquella carta
era sagrada, que abrirla y leerla antes que Camilo era
cometer un acto vil, y que él debía ser el primero y, si él lo
quería así, el único que se enterase de su contenido. Le llevé,
pues, la carta a su pieza.

Al mediodía, cuando él vino a comer, nadie lo miró
a la cara. Yo lo vi dirigirse a su pieza como una madre ve
al hijo ir a la guerra o a la pared donde van a fusilarlo.
En vano esperamos a que saliese. No salía.

Apenas nos levantamos de almorzar fui a llamarlo.
No me respondió. ¡Dios mío! ¿Habría hecho alguna locura
aquel pobre hombrecito? ¿Lo encontraríamos colgado de una
viga del techo, o tendido en el suelo con el vientre abierto
de un navajazo? Abrí la puerta temblando. Felizmente
estaba todavía vivo, y se paseaba a grandes pasos por la
habitación. Cuando entré interrumpió el paseo y se sentó en
el borde de una silla, sin mirarme. La carta, abierta, estaba
tirada en el suelo. La alcé y la leí rápidamente. Decía así:

74

"Camilo: Adiós para siempre. En vano he intentado luchar contra lo que tú sabes. No he podido vencer. El corazón se me parte. Tenemos que despedirnos. Sé feliz con otra mujer que, conociéndote bueno, caballeresco, sensible, limpio de cuerpo y alma como yo te conocí, sepa hacerte feliz y pueda darte la dicha que yo no he podido ofrecerte. Siempre guardaré el recuerdo de este amor como lo mejor de mi pobre vida. Adiós. Deja que me hunda sola en la noche de la desesperación y de la muerte, y que a ti Dios te bendiga. Adiós, adiós, adiós. Rosaura".

Lo miré. Él estaba ahora quietecito, los ojos bajos. Le dije, en voz baja:

—¿Qué piensa hacer?

Se levantó como un resorte y volvió a pasearse.

—¡Qué quiere que haga!

—¡Cómo qué quiere que haga! —grité—. Pues lo que haría cualquiera en su lugar. Luchar, luchar por usted, por ella, por la felicidad de ambos.

—¿Luchar? —repitió, deteniéndose y entrecerrando los ojos, como si no comprendiese lo que yo le decía—. ¿Luchar? ¿Y cómo?

—Cómo, cómo. No sé cómo. ¡Pero, por Dios, no se quede aquí, vaya allá, haga algo! ¿Vivimos acaso en los tiempos en que los padres concertaban las bodas de los hijos como se concierta un negocio? ¿Y usted lo va a permitir? ¿Y usted es hombre? Pero aquí estamos en Buenos Aires y éstas son épocas en que cada cual hace lo que quiere, y más si es mayor de edad, y más en cuestiones del corazón.

Se paseaba y no me contestaba nada. Y de pronto él murmuró:

—Lo hago por el bien de Rosaura.

—¿Que lo hace por el bien de . . .? ¿Pero qué dice? ¿Se ha vuelto usted loco?

Milagros lee la última carta de Rosaura.

—No. Lo de contigo pan y cebolla[1] está bien los primeros meses. Pero después . . . No, no, que se case con el otro, que le dará una vida más digna.

—Qué digna ni qué niño muerto.[2] Para el corazón de una mujer no hay más dignidad que la del amor, y el resto 5 es música.

Pero todo fue inútil. En vano, durante varios días, día y noche, aconsejé, supliqué, grité. Y no sólo yo, también mis hijas. Todo en vano. A cada razón que le dábamos, se ponía más triste y no sabía sino repetir: 10

—Lo hago por su bien, lo hago por su bien.

A veces desvariaba:

—Que se case con el otro, que se case con las riquezas del otro. Poderoso caballero es don dinero.[3]

—¿ Qué herejías dice usted, pícaro? —saltaba yo. 15

—Ya no creo en nada ni en nadie.

—No crea en usted, pero en Rosaura sí crea. ¿ No sufre ella más que usted? ¿ No lleva ella la peor parte? Porque, además de perderlo a usted, tiene que casarse con otro a quien no ama. 20

—¿ Pero qué puedo hacer, qué puedo hacer?

—Muy fácil. Se enfrenta con el padre, le plantea las cosas, le dice que, o Rosaura se casa con usted, o arderá Troya.[4] Amenácelo. Dígale que lo denunciará a la policía . . .

—Ésas son palabras. Es Rosaura, y no yo, quien debe 25 decir: "No quiero a éste, quiero a aquél". Así estaría yo seguro. Pero si ella aceptó casarse con el otro . . .

[1] **contigo . . . cebolla** *A common Spanish saying which means: "Loving you, I'm happy with just bread and onions."*

[2] **Qué . . . muerto.** Dignified, my eye!

[3] **Poderoso . . . dinero.** *Another* common **dicho** *or saying which proclaims:* "Money talks."

[4] **arderá Troya** *Another* **dicho** *"Troy will burn," meaning:* "There'll be trouble."

—Ella, ella ... Usted quiere que todo lo haga ella.
¿Y qué va a hacer ella sola frente a un padre terrible que
se ve que es un tirano? A usted le toca intervenir. Y si no
puede por las buenas, pues por las malas.[1]

5   —¿Qué malas?

—Pues la rapta. *abducted*

—¡Oh!

—Comuníquese con ella, vigílele la casa, en cuanto la
vea acérquesele y convénzala de que lo deje al padre y
10   venga aquí a casarse con usted. Aquí la recibiremos con los
brazos abiertos.

—¡Locuras!

—¿De modo que, de veras, no intentará volver a ver a
Rosaura?

15   —"Adiós para siempre", dice su carta.

—Pues entonces, lo haré yo.

—¿Usted? ¿Qué va a hacer usted?

—No sé todavía qué, pero algo he de hacer. Déme la
dirección de Rosaura.

20   —¡Por favor, señora Milagros, por favor!

—No quiere dármela, ¿no es cierto?, no quiere dármela
porque teme que yo no sepa comportarme. Está bien.
Haré otra cosa.

—¿Qué va a hacer?   *anuncio*

25   —Pondré un aviso en todos los diarios, pondré un aviso
con grandes letras: "Rosaura. Te espero. Camilo". Y ella
lo leerá, huirá de su casa y vendrá aquí.

—¡Por favor, señora Milagros, por favor!

—O iré por esas calles con el retrato de Rosaura, lo
30   mostraré a la gente, les diré: "¿Conocen a esta señorita?",
encontraré quienes la conozcan, me dirán dónde vive, iremos todos allá en manifestación ...

[1] **Y ... malas.** And if you can't do it legally, then illegally.

—¡ Por favor, señora Milagros, por favor!

—Pues púdrase de lágrimas aquí adentro, ya que así lo quiere.

Y lo dejaba solo, hundido en su dolor como en un sudario.   5

Justamente entonces David Réguel nos trajo la linda historia de su encuentro con Rosaura. Pregúnteselo a él. Va usted a divertirse. Que sí, que él estaba arriba de un tranvía, y que al llegar el tranvía a Pueyrredón y Santa Fe él la había visto a ella, que estaba abajo, en la calle, y   10
que él la había llamado, y que ella se había dado vuelta a mirarlo, y que él entonces había descendido del tranvía para saludarla y conversar, pero que ella, que parecía que tenía una cita con alguien, se había ido. Un cuento de esos que ni un niño de teta lo traga.[1] Yo lo decía nada más   15
que para avivar el dolor de Camilo, allí presente. Lo decía para hacerle creer que Rosaura andaba lo más pimpante,[2] mientras él se moría por ella.

—No sería Rosaura —dije, sintiendo que me hervía la sangre.   20

—¡ Sí que era! —me contestó con insolencia.

—¿ Y usted cómo lo sabe?

—Por el retrato. La reconocí por el retrato que pintó Camilo.

—Vamos —dije yo—. Si todo lo que iba a contarnos   25
es que creyó ver a una persona que se parecía más o menos a Rosaura . . .

—No se parecía más o menos a Rosaura. Era Rosaura.

—¡ Hay tantas mujeres rubias y de ojos celestes!

—La llamé "¡ Rosaura!", y se dio vuelta a mirarme.   30

—Sí, como si cualquiera que oye a un loco gritar desde

---

[1] **que ... traga**   that not even a baby would swallow
[2] **lo ... pimpante**   as jolly as could be

arriba de un tranvía no va a mirarlo, se llame[1] Rosaura o Magdalena.

Se puso rojo. Hasta me pareció que los lentes le relampaguearon. Y vea lo que me contesta:

5 —Sé que era Rosaura. Pero no me pida más pruebas, si no quiere mortificar al amigo Canegato.

Camilo, palidísimo, se levantó y salió de la habitación.

OCHO

C ENÁBAMOS. NADIE HABLABA. HASTA CORETTI, SIEMPRE parlanchín, se estaba en su sitio mascando como un
10 cerdo y leyendo el diario. Camilo, hundido en la silla, revolvía la comida con el tenedor. Cualquiera hubiese dicho que aquélla era la cena de los deudos un minuto después de haberse llevado el muerto al cementerio.

Por fin, terminamos de comer. Me acuerdo que el reloj del
15 comedor dio las diez.[2] Y en eso oímos sonar el timbre de la puerta de calle. Era un sonido débil, moribundo, pero largo, largo, como si no fuera a cesar nunca. Parecía el llamado de uno que estaba agonizando y pedía socorro.

Mandé a la mucama que fuese a ver quién era. La pobre

---

[1] **se llame**   whether her name is

[2] *Ten o'clock is not an unusual dining hour in Argentina. As in most Latin American countries and in Spain, it is uncommon for the evening meal to be taken before nine.*

es coja y camina penosamente. Como en el momento en
que le di la orden estaba levantando[1] la mesa, tuvimos que
esperar a que se librase de los platos que tenía en la mano,
y se quitase el mandil,[2] y diese toda la vuelta al comedor.
Llegó por fin al vestíbulo. Encendió la luz. Estuvo un año   5
forcejeando con la yale, la llave, la falleba. Yo seguía
mirándola, y los demás seguían mirándome a mí.

Finalmente abrió la puerta de calle. Oí una vocesita que
decía: "¿Aquí vive el señor Camilo Canegato?" Entonces
di un grito y me puse de pie. Y los demás también se levanta-   10
ron. Porque desde el sitio donde yo estaba pude ver clara-
mente que a la puerta había una muchacha, y que esta
muchacha, vivamente iluminada por la luz del vestíbulo,
era la misma que en suaves tonos rosas, azules y oros nos
sonreía desde el cuadro al óleo pintado por Camilo. Era   15
Rosaura.

Y grité: "¡Rosaura!", y salí corriendo del comedor, y
todos los demás, excepto Camilo, según lo supe luego, salieron atropelladamente detrás de mí, y en esa forma,
como una turba de locos, fuimos al encuentro de Rosaura.   20
Ella seguía de pie, inmóvil, y nos miraba avanzar con una
expresión de miedo y de estupor congelada en el rostro, y la
tonta de la mucama, en vez de hacerla entrar, se había
quedado tiesa, con la mano todavía en el picaporte, vol-
viendo la cabeza alternativamente hacia ella y hacia   25
nosotros, como si no supiese qué hacer.

Cuando llegué, la primera, hasta Rosaura, la tomé de
un brazo, la introduje en el vestíbulo, cerré rápidamente
la puerta y dije, sospecho que a los gritos, porque me sentía
terriblemente emocionada: 30

—¡Hija mía! ¡Hija mía!

---

[1] **levantando**   clearing
[2] **mandil**   apron

Y la abracé. Y la besé. Los demás también la rodearon, la saludaron, y reían y chillaban:

—¡ Rosaura! ¡ Rosaura! ¡ Rosaura!

Cuando pude hacerme oir le pregunté:

—Querida, ¿ ha huido usted de su casa?

Hizo un movimiento afirmativo con la cabeza. Estaba tan asustada, tan pasmada de nuestro recibimiento, de nuestros gritos, de nuestra efusividad, que no podía ni hablar.

—¿ Y ha venido a reunirse con Camilo Canegato? —volví a preguntarle.

Otro movimiento con la cabeza.

—¡ Bien hecho! —dije—. ¡ Bien hecho!

Esto que le cuento lo decía en medio del círculo que formaban mis hijas y mis huéspedes, todos cuales se la comían a Rosaura con los ojos. Tenía razón Réguel. Era más hermosa que lo que aparentaba serlo en el retrato al óleo. Y defectos físicos, yo no le veía ninguno.

—Ya me parecía a mí —continué—. Ya me lo decía un presentimiento, una corazonada, que usted sería más valiente que Camilo, que lo dejaría todo y se vendría para aquí. Aquí estará como en su casa, mejor que en su casa, porque aquí nadie la hará sufrir. Ésta es una casa honrada y decente, donde se sentirá a gusto, y tan segura como en una iglesia. Nadie podrá sacarla de aquí. Ni la policía.

Rosaura, asustadísima, se volvió a mirar la puerta de calle, como si temiese que, con sólo yo nombrarlos, ya estuvieran ustedes allí.

—No, no tenga miedo, querida. —Pase, pase. Bueno, le voy a presentar a la compañía, para que vaya conociéndolos a todos. Éstas son mis hijas. Clotilde.

Se dieron la mano.

—Enilde.

Enilde la besó.[1]

—Y Matilde.

Matilde, sin moverse, la saludó con la cabeza. Rosaura la imitó.

—Usted ya las conocerá por referencias de Camilo —dije—. Él las ha visto nacer a las tres, o poco menos. Y ahora, mis huéspedes. Ésta es la señorita Eufrasia Morales. La señorita Eufrasia hizo una cosa rara, como un paso de minué. Así creerá ella que se saluda la gente en la alta sociedad.

—El señor Coretti.

Coretti le lanzó a la cara unos "Cómo está, cómo está", tan estentóreos, y le dio tal apretón de manos, que Rosaura se echó atrás.

—El señor Hernández. El señor Gaviña. Pero, ¿dónde anda Camilo? —dije de pronto, advirtiendo que era el único que faltaba—. ¿Dónde se ha metido ese hombre de Dios?

Y todos empezaron a gritar:

—¡Camilo! ¡Camilo!

—Seguro que la emoción lo tiene paralítico —le dije a Rosaura.

—Se quedó en el comedor —exclamó una voz. Era Réguel. Avanzó y añadió:

—¿A mí no me presenta?

—¿Para qué? —le contesté—. ¿Acaso no se conocen ya, según usted?

Alzó un hombro hacia mí, desdeñosamente, y luego se volvió a Rosaura:

—David Réguel, a sus órdenes, a sus enteras órdenes.

---

[1] *In the Latin American countries, and notably in Argentina, the kiss on one or both cheeks is the most common greeting among women who know each other well.*

Encantado, encantado, verdaderamente encantado. No sé si se acuerda de mí. El otro día, en Pueyrredón y Santa Fe . . .

—¡ Ah! —dijo Rosaura vagamente. Se veía que no se
5 acordaba de nada. Claro está, ¿ de qué iba a acordarse?

Y él seguía sujetándole la mano y no se la soltaba. Intervine yo:

—Bueno, querida, pase adentro. Vamos adonde está Camilo.

10 Rosaura me miró, pero no se movió. Tuve que arrastrarla conmigo. Los otros nos siguieron en procesión.

Le acerqué mi boca a la oreja y le pregunté:

—¿ Hubo jaleo en su casa? ¿ Hubo pelea?

Empezó a temblar convulsivamente. Cambié de tema:
15 —¡ Las ganas que teníamos de conocerla! —dije, fuerte—. Ah, pero yo sabía, yo sabía que usted vendría aquí. El día menos pensado,[1] decíame yo, se nos aparece Rosaura.

—¿ Y su tía? —continué—, ¿ Sabe su tía que vino
20 aquí?

Me contestó que no con la cabeza.

—¿ No lo sabe? Pero usted se lo dirá más adelante, cuando ya no haya peligro. Y los otros, ¿ tampoco lo saben?

25 Otra vez sentí que temblaba. ¡ Y con los deseos que yo tenía de saber qué había ocurrido![2] Esperaría a que se tranquilizase. Nuevamente cambié de conversación:

—¿ Quiere que le diga una cosa? Mis hijas, que son unas diablas, no podían creer que usted fuese tan linda y
30 tan joven.

—¡ Mamá! —me reprochó Clotilde.

---

[1] **El . . . pensado**   When we least expect it
[2] **¡ Y . . . ocurrido!**   And how I wanted to know what had happened!

—Pero ahora verán que sí. ¡Y qué cabellera tiene! Bueno, la muestra la teníamos ya en casa. Porque ni eso dejó de mostrarnos Camilo.

Llegamos al comedor y Rosaura se detuvo.

—Vamos, vamos —le dije—, no sea vergonzosa. 5

Cuando entramos, nos tropezamos con la mirada de Camilo como con el cañón de una escopeta. Porque era verdad. Se había quedado solo en el comedor, de pie junto a la mesa, y miraba la puerta por la que aparecía Rosaura como si alguien le hubiera dicho que por allí se acercaba la 10 señorita Eufrasia en cueros, o algo por el estilo.

—Vea, vea —le dije, a voces—. ¡Vea quién llegó! ¡Vea qué visita tenemos! ¡Rosaura! ¡Rosaura en persona!

—Miren —dijo Coretti, riendo—. No sabe si está dormido y soñando, o está despierto. 15

Y le empezó a dar pellizcos y a empujarlo hacia Rosaura.

—Venga, hombre de Dios —le dije yo—, y déle a Rosaura la bienvenida de que es merecedora.

Y Camilo se acerca, y cuando todos esperábamos que la abrazase y la besase, ¿pues no le da la mano y le dice, 20 todo formal?:

—¿Cómo te va?

No pudimos sino reirnos de tanta timidez. A Rosaura la hicimos sentar en un sillón, como a visita de importancia; le dimos una tacita de café, a ver si se reanimaba un poco, 25 y todos la rodeamos.

—Rosaura —dije, aprovechando un silencio—. Aclaremos lo ocurrido. ¿Usted riñó con su padre definitivamente; se ha ido de su casa sin él saberlo y ha venido aquí a casarse con Camilo? 30

Ella me miraba. Me miraba con unos ojos abiertos, grandes, redondos, como si yo estuviera contándole un cuento y esperase saber el final. El café ni lo había probado.

—Pero veamos: ¿ se fué usted o la echó él?

Bajó la vista un minuto y se señaló a sí misma con el pulgar.

—Y él, ¿ sabe que vino aquí?

5   Negó con la cabeza.

—Me imagino que usted, allá, no pensará volver más. Ni una palabra.

—Bueno, tómese el café, querida, que se le va a enfriar. Y el café frío, si no es para provocar el vómito, no sirve para

10   nada.

Como si hubiese hablado a la pared. Continuaba sosteniendo el pocillo en el aire y clavándome aquellos ojos . . . Yo no sabía qué hacer. Me volví hacia Camilo, tanto como para huir de su mirada:

15   —¿ Lo ha oído usted, cobarde? Ha tenido que ser ella. Porque si era por usted . . .

—¡ Mamá! —intervino Clotilde—.¡ Que Rosaura va a dudar de Camilo! Lo que pasa es que Camilo es tan modesto y tan escrupuloso . . .

20   Me encaré con mi hija:

—Es lo que yo digo. Demasiados escrúpulos. Escrúpulos que Rosaura, felizmente, dejó de lado.[1]

Y en eso Rosaura que se echa a llorar. Yo nunca vi llorar así. Lloraba sin ocultar la cara, ni hacer ningún gesto,

25   ni cerrar los ojos, ni sorberse las lágrimas, ni sonarse la nariz,[2] ni nada. Lloraba sin dejar de mirarnos. Lloraba con la misma cara con que, un rato antes, no lloraba. Era como si, sin que ella se diese cuenta, sus dos ojos brotasen agua. Yo apreté su cabeza contra mi pecho, y le dije:

30   —¡ Vamos, vamos, querida Rosaura! Olvídese ahora de los sufrimientos pasados, de los disgustos de ayer. Ahora

---

[1] **dejó . . . lado**   put aside
[2] **sonarse la nariz**   blowing her nose

piense en la felicidad de mañana, en la dicha que la espera.
Aquí tiene usted su nueva casa, su nueva familia, madre,
hermanas, amigos. Y Camilo que tanto la quiere. ¡ Tómele
una mano, usted, zopenco! Aquí no habrá lujos, pero hay
corazones sinceros que la quieren. Ya verá. Se quedará a   5
vivir con nosotros hasta que se case con Camilo. ¿ No es
cierto, Camilo? Luego tendrá su propio hogar, tendrá sus
hijos . . . ¿ No es una linda perspectiva? Camilo es un hombre serio, trabajador, honesto. Tiene cerca de cien mil
pesos en el Banco. ¿ No es cierto, Camilo? No serán los   10
millones de su padre, pero peor es nada, y Dios ayuda.

—¡ Mamá! —gimoteó Clotilde, toda escandalizada.

—Tú te callas —le respondí—. Yo sé lo que digo. No
digo que Rosaura piense en cuestiones de dinero. Usted
es mi nueva huésped. ¿ Qué digo? Mi nueva hija. Camilo   15
pagará todo. Ya veremos dónde la ubicamos. A ver, déjeme
pensar. Usted, señor Réguel, ¿ qué le parece si le cede su
cuarto a Rosaura?

—¿ Yo? ¿ Por qué yo?

—Hombre, porque usted es el único huésped que,   20
exceptuando a la señorita Eufrasia y al señor Gaviña, que
para eso pagan un sobreprecio,[1] tiene un cuarto para usted
solo. Sí, ya sé que Camilo también, pero no me negará que
sería prematuro que los novios durmieran en la misma
habitación.   25

Y con esta chuscada todos se rieron. Rosaura dejó
de manar agua por los ojos, el hielo se derritió.

—Vamos, señor Réguel, vamos. ¿ Va a desairar a
nuestra hermosa novia?

—No, no —gorjeó—. ¡ Qué esperanza! Le cedo mi cuarto   30
con muchísimo gusto. —¿ Y dónde piensa ponerme? —me
preguntó.

[1] **sobreprecio** additional sum

—¿ Qué le paréce con la señorita Eufrasia?

Otra carcajáda general.

—¡ Señora Milagros, fíjese lo que dice! —murmuró la solterona, toda colorada.

5 —Entonces lo pondremos con Camilo, que también está solo y tiene un cuarto con dos camitas.

David Réguel abrió la boca, me miró iracundo, creí que iba a protestar, y de pronto se sonríe y exclama:

—Está bien. Ahora mismo me mudo.

10 —Y a otra cosa —continué—. Usted, Rosaura, se ha venido como si dijéramos desnuda. Camilo, usted mañana mismo se va al banco y saca unos miles de pesos, y le compramos a Rosaura todo lo que necesite. Y desde ahora vamos pensando en la boda. Rosaura es mayor de edad, ha venido

15 aquí por su propia voluntad, podría casarse con el vigilante de la esquina, si quisiera.

Me incliné sobre Rosaura y le dije, casi al oído:

—¿ Cuándo fue la cosa?

Me miró un rato, y luego, en voz baja:

20 —¿ Qué cosa? —dijo.

—La pelea.

—Anoche.

—¡ De modo que anoche! ¿ Y cuándo escapó usted?

—Esta tarde.

25 —¿ Y qué ha estado haciendo, hasta las diez de la noche? ¿ Caminando? ¿ Y no ha comido? ¿ No? ¡ Ay, pobrecita, con razón estaba así! ¡ Y yo que le daba café! Aguarde.

Y volviéndome hacia la mucama, que estaba parada allí

30 como un poste, le ordené que trajese sopa, pescado, fruta, todo cuanto de comer hallase en la cocina.

—Y ustedes —les dije a los demás—, hala, afuera, afuera, a dormir todo el mundo. Dejen que Rosaura coma

tranquila. Y usted, señor Réguel, mude sus bártulos.[1]
Buenas noches.

Fueron saliendo uno a uno y saludando a Rosaura.
Ella los seguía con la vista, pero no les contestó sus saludos
ni sus ademanes amistosos. Los miraba, nada más. Y 5
después que se fueron continuó por un rato mirando la
puerta por la que habían salido. Luego me miró a mí.
Empezó a darme un poco de miedo aquella muchacha.
Tenía unos ojos de perro apaleado que, no sé, ¡ me producían
un malestar! ¿ La habría castigado el padre? ¿ Habrían 10
tenido un disgusto de esos que hacen salir a los vecinos a
las puertas y a las ventanas?

—¿ Cómo me reconoció? —me preguntó de repente.

En un primer momento[2] no supe a qué se refería.
Además, yo no esperaba aquella pregunta, ni la voz ni el 15
tono con que la hizo.

—¿ Cómo me reconoció? —repitió, pero más débil-
mente, como si algo dentro de ella se estuviese quebrando.
Y de pronto comprendí.

—Hija, la reconocimos por el retrato. 20

—¿ Qué retrato?

¿ Pero cómo? ¿ No sabía?

—Pues sí, el retrato al óleo que le pintó Camilo. Espere,
lo voy a traer. Lo tiene él en su habitación.

El cuarto de Camilo era un puro desorden. Réguel se 25
mudaba. Y como estaba allí, no quise preguntarle a Camilo
si sabía a qué se debía la rara actitud de Rosaura. Tomé
el cuadro sin decir nada a nadie y volví volando al comedor.
Rosaura continuaba en la misma postura en que la había
dejado. Le puse el retrato delante. Lo miró, pero sin hacer 30
un gesto. Sus manos seguían aferradas a los brazos del

[1] **bártulos** (household) possessions
[2] **En . . . momento** At first

sillón. Miró el retrato, y luego a mí, y luego el retrato, y otra vez a mí, y así se estuvo unos minutos.

Felizmente en ese momento entró la mucama con varios platos. Digo felizmente, porque yo no sabía ya qué decir,
5 ni qué hacer, ni dónde mirar. Me sentía molesta. Aproveché, como le digo, la llegada de la mucama para disponer los platos y servirlos, y hablar sin ton ni son,[1] sin mirar a Rosaura.

Como vi que la mucama se había quedado allí, de pie,
10 frente a Rosaura, y la observaba como a un bicho raro, descargué mis nervios enojándome con la pobre:

—¿Quién te ha dicho que te quedes de centinela? ¡Vete a la cocina o a dormir!

Y una vez que salió, me senté junto a Rosaura, pro-
15 curando sonreirme.

—Ahora que estamos solas y nadie vendrá a molestarnos, coma, querida, coma tranquila. Debe estar muerta de debilidad y de cansancio. ¿Qué ha estado haciendo antes de venirse aquí? ¿Caminando?

20 ¿Usted cree que me contestó? Nada. Ni una palabra. Ni un gesto. Ya no me miraba a mí. Miraba el plato que tenía delante.

—¿Vive lejos? —continué—. Quiero decir —yo me enredaba— ¿vivía lejos? Porque Camilo no quiso darnos
25 nunca por nada del mundo su dirección. ¿Dónde viven los suyos, querida?

Lo mismo que antes. Silencio absoluto. ¡Dios mío, me asaltó un miedo! ¿Estaría loca aquella muchacha? Los muchos disgustos ¿no la habrían trastornado? ¡Y yo sola
30 con ella en el comedor!

—Bueno, querida —dije, levantándome, pero la voz me temblaba—. La dejo comer.

---

[1] **sin ... son**   meaninglessly

Fuí a sentarme en un rincón, e hice como que tomaba una revista y que leía, pero, como usted comprenderá, yo no veía ni las ilustraciones. A los pocos minutos oí que comía. Era horroroso. Devoraba. Sorbía la sopa. Mascaba el pan. Parecía muerta de hambre. Yo no podía resistir la tentación   5 de darme vuelta a observarla. Y cada vez que lo hacía, ella dejaba instantáneamente de comer y me miraba. Entonces yo le sonreía, para tranquilizarla, y volvía a mi revista. Y en una de esas, en el preciso momento en que la miro, ella extiende un brazo para tomar una copa, la manga   10 se le desliza, le descubre el antebrazo, y entonces veo allí, en la piel, más arriba de la muñeca, varias manchas rojas, con un halo verde o azul . . . Manchas como de golpes . . . ¡ Dios mío, golpes !

Cuando entré en mi dormitorio, me hallé con mis tres   15 hijas que me esperaban en un completo silencio. Ya sabía que estarían allí. Y sabía qué iban a decirme.

—¡ Ay, qué cansada estoy! —exclamé, bostezando—. Debe de ser cerca de media noche.

Pero mis hijas son mis hijas.   20

—Mamá —dijo Clotilde—. ¿ Qué piensa usted?

—¿ Yo? ¿ Qué pienso de qué?

—De Rosaura, de Rosaura —contestaron las tres a coro.

—¿ Qué quieren que piense? Que me parece muy bien   25 el paso que ha dado. Se ve que es una mujer valiente.

No era de eso de lo que querían hablar.

—Yo le noto algo raro —dijo Clotilde, mirando a Matilde—. Un aspecto de fatiga, de desgaste . . .

Entonces comenzaron entre ellas una de esas con-   30 versaciones en que a mí, aunque esté presente, no me dan intervención, porque van a decir cosas que saben que yo no he de admitirles.

—Y no parece que tenga veintiséis años.

—Desde luego que no. Por lo menos tiene veintiocho.

—No ha hablado en ningún momento.

5   —¡ Nos miraba, y en qué forma!

—Parecía asustada.

—No, asustada no. Sorprendida, estupefacta.

—Y mucha desenvoltura no aparenta tener.

—Les digo que es una santita que nunca salió de su
10   casa. Por eso ahora anda así.

—Y se vino vestida bien modestamente.

—Tenía una media corrida.

—Y los zapatos llenos de polvo.

—Oigan, ¿ no será sorda? ¿ No será que no oye lo que
15   se le dice y por eso nos miraba así?

Pero no, si cuando yo le pregunté . . .

—Pues algo raro hay en ella. Todavía no sé lo que es,
pero ya lo sabré. Déjenme estudiarla.

Y yo me acordé de aquellas manchas rojas en el ante-
20   brazo de Rosaura ¡ y sentí una indignación!

—¡ Vean qué tres serpientes he traído yo al mundo!
—exclamé, mirándolas con furia—. La señorita Eufrasia,
al lado de ustedes, es Santa Eufrasia. No quería decirles
nada, pero veo que es necesario. La pelea de Rosaura con
25   el padre fue como para llamar a la policía. Tiene los brazos
llenos de cardenales.

Me miraron, horrorizadas.

—¿ Qué le contó?

—Nada. Pero por lo poco que sé me lo imagino.

30   —¡ Pero qué espanto!

—Y ustedes analizándole el pelo y mirándole la media
corrida. ¿ Qué quieren? ¿ Añadir desgracia a la desgracia,
dolor al dolor? Rosaura ha venido a conquistar la porción

de felicidad a que ella y Camilo tienen derecho. Ayudémosla,
pues, para que ambos sean dichosos. Y ahora, a dormir
también ustedes, que es muy tarde.

En efecto, en ese momento el reloj del comedor dio las
doce.

Y así fue. Rosaura se quedó a vivir en *La Madrileña*,
hasta que ayer se casó con Camilo. Una boda que tuvo por
padrinos a todos nosotros.

¿ Me pregunta usted si en la conducta de Rosaura noté
alguna vez algo raro, algo fuera de lo común? Aparte de lo
que ya le conté, no, no señor. Era, sí, muy callada, muy
reservada. Hablar, conversar, charlar, ni por pienso.
Reirse, jamás. Ella nos miraba. Era lo único que hacía. Y
nos miraba a nosotros, y a todo lo que la rodeaba, como
si desconfiase, o como si estuviera esperando o temiendo
algo. Yo le decía: "Querida Rosaura, ¿ tiene usted miedo
de su padre?" Ella bajaba la vista y murmuraba: "No es
eso". Y si no era eso, entonces ¿qué era? Quiso tener en su
cuarto el retrato al óleo, y hasta las cartas que le había
escrito a Camilo. Y hablando de Camilo. No le hacía
ninguna caricia. Pobre Camilo. Y él, viéndola así, como a mil
leguas, tampoco se atrevía a nada.

Con quien pareció hacer buenas migas, fué con David
Réguel. Al segundo día de haber venido, los vi conversar
muy cabeza con cabeza. Él le echaría alguna de sus con-
ferencias. Sentíase muy galán con Rosaura. Lo hubiera
usted oído en la mesa: "Señorita Rosaura aquí, señorita
Rosaura allá. ¿ Vulevús? Pardón. Aftaiú."[1] Destilaba miel[2]
por cuatro idiomas distintos. Y Camilo con una cara larga ...

[1] **Vulevús ... Aftaiú.** *Milagros' versions of the French and English gallantries used by Réguel: "Voulez-vous" (Do you care to), "Pardon" (Excuse me), and "After you."*
[2] **Destilaba miel** He oozed honey

In order to show off

Coretti también reverdeció.[1] Con tal de lucirse[2] delante de ella, empezó a contar otra vez todos sus viejos chistes, que nosotros tenemos sabidos de memoria. Hasta Hernández, cuando Matilde no lo veía . . .

5   En Camilo tampoco, tampoco noté nada raro. Celoso, desde luego, y ya se imaginará usted de quién. Pero nada más.

Ahora que, sí, hubo algunos episodios, algunos hechos . . . Por ejemplo, un sábado a la tarde . . . Todos dormíamos

10   la siesta. Usted sabe lo que es el sueño de la siesta. Es un sueño distinto del de la noche. El dormir de la noche es como morirse. Usted no se siente a sí mismo. Pero la siesta es diferente. Uno duerme, pero sabe que duerme, que vive, que pasa el tiempo. Hasta sabe que se va a despertar.

15   Yo dormía ese sueño liviano, cuando me pareció oir voces, gritos, llantos. Los gritos venían de uno de los cuartos del frente. Corrí hacia allá, en momentos en que mis hijas, Coretti, Hernández, Gaviña, aparecían uno tras otro y hacían lo mismo que yo. Encontramos a Rosaura, en su habi-

20   tación, llorando, abrazada a David Réguel, el cual David Réguel, espantosamente enojado, insultaba a Camilo de arriba abajo. Camilo, pálido y tembloroso, no decía ni hacía nada, sino temblar y mirarlo a Réguel. En vano les preguntamos qué pasaba, por qué lloraba Rosaura de ese

25   modo. No pudimos sacarles una palabra. Camilo dio media vuelta, salió de la habitación y fue a encerrarse en su cuarto. Réguel murmuró no sé qué. Y como Rosaura seguía llorando e hipando, la tomé de un brazo y me la llevé al comedor. Una vez a solas con Rosaura la hice sentar, le puse delante

30   una copa de oporto, y me senté a mi vez a su lado.

—Cálmese, querida —le dije—. Con llorar no se gana

---

[1] **reverdeció**   bloomed
[2] **Con . . . lucirse**   In order to show off

nada. Bébase la copita y va a ver cómo se siente mejor.

Pero ella no hacía otra cosa que sonarse la nariz.

—Vamos, vamos —continué—. Cuénteme lo que ocurrió. Hablar hace bien.[1] Una se siente desahogada. Y estoy segura que si me dice lo que pasó, yo lo arreglaré todo.

—No pasó nada —murmuró, sin dejar de sonarse.

—Pues por nada no se llora así. ¿ O es que no me tiene confianza? ¿ No tiene confianza en quien es como una madre para ustedes dos? ¡ Vamos, Rosaura, no sea testaruda!

Eructó un último sollozo, se bebió la copita de oporto, y cuando yo esperaba que comenzase a hablar, ¿ pues no se me pone de pie y me dice?:

—Oh, dejé la pieza sola.

Yo también me levanté, procurando atajarla.

—¿ Y qué hay con que la dejó sola? Nadie le va a robar nada, hija.

—No, no, no es eso.

—Entonces, vamos, quédese aquí.

E intenté asirle una mano, pero se apartó.

—¡ No, déjeme!

—Pero, ¿ qué le pasa?

—Nada, nada. Discúlpeme. Voy a arreglarme un poco.

Y así, a toda prisa, salió del comedor. Y hasta el día de hoy no sé lo que ocurrió aquella tarde en la habitación de Rosaura. Porque Camilo tampoco quiso contarme nada. E interrogar a David Réguel, ni por pienso. En fin, señor, saque usted de esto las deducciones y las consecuencias que más le gusten. Yo me reservo las mías. Y digan después que Camilo no tenía razón de estar celoso.

[1] **Hablar ... bien.** Talking will do you good.

Y con esto termina, señor, lo que yo podría referirle. *relate*
Ayer se casaron.

Me acuerdo que, unos días antes, estábamos yo, Clotilde,
Enilde, Rosaura y la señorita Eufrasia sentadas en el patio.
5   Hablábamos de la boda. *secretly*
—Saldremos sigilosamente para el Registro Civil[1]
—decía yo, dirigiéndome a Rosaura— y a ver después
quién va a oponerse a que usted y Camilo sean el uno para
el otro y para toda la vida. A propósito del Registro Civil:
10 yo y Coretti seremos los testigos. Yo, por usted, y Coretti
por Camilo. Y usted, dígame una cosa, ¿ tiene documentos
de identidad?
—¿ Yo?   *postpone*
—A ver si se vino sin ninguno y hay que aplazar la
15 boda.
—Tengo la cédula.[2]
—Ah, es suficiente.

Me acuerdo que nosotras seguimos conversando. Pero
Rosaura se había quedado pensativa. Y después de un *thoughtful*
20 rato empezó a hablar, pero tan bajo, que nosotras, que
discutíamos no sé qué, no nos dimos cuenta. La única que
le prestó atención fue Clotilde:
—¿ Cómo dice, Rosaura?
Todas nos callamos.
25 —No, nada. Decía que . . . Ustedes me llaman Rosaura,
como yo firmaba las cartas, pero . . .
—Ah, no me lo diga —exclamé—. Si yo me lo imaginaba.
Usted no se llama Rosaura.   *throw off the track*
—Es un nombre que convinimos con él, para despistar.
30 —Me lo imaginaba, me lo imaginaba. ¿ Y cómo se
llama usted?

[1] **Registro Civil**   *the Municipal office corresponding to that of City Clerk*
[2] **cédula**   *the identification card required of all Argentine citizens*

—Marta.

—Precioso nombre. Más lindo que Rosaura.

—¿ Marta qué? —preguntó Clotilde.

—Marta Córrega.

—¡ Ah, ah!

—¿ Y Camilo sabía que usted se llama Marta Córrega?
—insistió Clotilde.

—¡ Cómo no iba a saberlo![1] —dijo Rosaura.
Ayer se casaron. Fuimos al Registro Civil en automóvil,
cuidando que nadie nos viera. Pero no hubo ningún contratiempo. A la noche, seguros ya de haber vencido, hicimos
una pequeña fiesta. Quiero decir que hubo masas y sidra, y
hasta se bailó. La primera pieza, un vals, quisimos que la
bailaran los novios solos, como en las bodas antiguas,
mientras nosotros los aplaudíamos. Cerca de medianoche
partieron en automóvil. Irían al *Hotel Wien*, donde yo les
reservé una habitación a mitad de precio, aprovechando
que el propietario es cliente de Camilo. De allí partirían
al día siguiente para Córdoba.[2] Les hicimos una tierna
despedida. Yo besé a Rosaura y abracé a Camilo. Al fin
partieron. ¡ Parecían tan felices, los dos!

Nosotros nos quedamos un rato aún levantados, y
luego nos recogimos a dormir. Todos estábamos un poco
achispados, así que nadie notó la ausencia de David
Réguel. Yo, en mi lecho, estuve largo tiempo despierta,
pensando en ellos dos. Creo que hasta lloré un poquito,
quizá por efectos de la sidra. Finalmente me dormí. Y de
pronto, no sabía cuándo, no sabía dónde, oía unos golpes,
oía voces, oía sonar el timbre de la puerta de calle, oía a
David Réguel que gritaba: "¡ Señora Milagros! ¡ Señora

---

[1] ¡ **Cómo . . . saberlo!** Of course he did!
[2] **Córdoba** *an important and historical provincial city in northern Argentina*

Milagros!" Desperté bañada en un sudor de angustia.
¿ Había sido una pesadilla? Pero no, el timbre seguía
sonando. Me vestí apresuradamente y salí al patio. Amanecía.
Los huéspedes, mis hijas, también se habían levantado y
5 aparecían, unos tras otros, alarmados, medio dormidos,
los ojos hinchados. Hernández fue a abrir. Como un huracán
entró David Réguel.
—¡ La mató! ¡ La mató! ¡ La mató! —aullaba.
—¿ Quién mató a quién? —le pregunté; pero ya un
10 horrible presentimiento me punzaba el corazón.[1]
—Camilo Canegato mató a Rosaura en un hotel del
bajo.[2]

[1] **me ... corazón** clutched my heart
[2] **bajo** *the waterfront section of downtown Buenos Aires, separated
from the River Plata only by the dock area*

II

psalm

DAVID CANTA SU SALMO

Rosaura le hace a Réguel una "consulta" en el patio.

UNO

DAVID RÉGUEL A SUS ÓRDENES, SEÑOR, A SUS ENTERAS
órdenes. No, muchas gracias, prefiero hablar de pie,
si usted me lo permite. Es que, no sé, todavía me dura
el estupor, la excitación, todas esas cosas. Bueno, ustedes
hasta ahora están en ayunas,[1] no de los hechos exteriores,   5
sino de lo otro, de la motivación abisal, de, de, cómo le
diré, de la raíz que ha alimentado, que ha hecho frutecer este
crimen que ustedes están investigando. No, no es que yo
dude de la capacidad de ustedes, permítame, señor; lo que
quiero decir es que ustedes tienen delante un homicidio   10
cometido al parecer sin causas explicables, sin motivaciones
lógicas, un crimen cometido por puro impulso criminal.
Pero no, no existe tal impulso, así, en el vacío, viniendo de
la nada psicológica. Un asesinato sin razón alguna o sin
ningún fin es una pura invención de gabinete.[2] El que mata,   15
mata por algo, por alguien, por lo que sea, pero mata
por algún motivo. ¿Por qué mató Camilo Canegato a
Rosaura? ¿Ustedes lo saben? Sea franco. No lo saben.
La han tenido a la señora Milagros declarando una hora.
No sé lo que les habrá dicho, pero me lo imagino.   20
   Yo le levantaré a Camilo Canegato la linda caretita de

---

[1] **están . . . ayunas**   are in the dark
[2] **de gabinete**   theoretical

mártir que le habrá puesto la señora Milagros, y entonces
podrán verle su verdadero rostro y comprenderán que lo
que hizo en realidad fue el desenlace fatal de todo lo que
lo precedió, una cosa inevitable, algo así como el hado de
5 la tragedia griega, una cosa que usted la ve nacer, la ve
crecer, la ve venirse encima de uno, y sin embargo, uno no
puede hacer nada. Yo la tenía prevista esta muerte. Y a
pesar de todo lo que hice no pude impedirlo. Claro, le advierto
que lo que yo les voy a decir es lo que fui elaborando, in-
10 duciendo, usted me entiende, a través de muchos hechos,
de muchos indicios. Ahora les presento la teoría completa
y corroborada, ratificada, demostrada. Les expongo la
tesis, la hipótesis, la demostración.

A Camilo Canegato ustedes lo conocen. Físicamente es
15 un gurrumino. Las piernas, el cuerpo, los brazos, todo lo
tiene hecho a escala reducida. Desconfíen de ese
hombrecito al parecer tímido y linfático, y desconfíen
precisamente a causa de su vulnerabilidad física. Ser
un hombre así produce resentimientos, rencores, fobias.
20 Hasta que un día todo lo que el hombrecito lleva adentro
le sale al exterior con la fuerza de un volcán en erupción:
el hombrecito mata, incendia, hace una revolución.

Bueno, Camilo Canegato pertenece a esa categoría de
hombrecitos potencionalmente peligrosos. Yo lo conozco
25 desde hace algún tiempo, desde que vivo en *La Madrileña*,
cosa de dos años. Yo desde el primer día que lo vi me di
cuenta. Quiero decir que me di cuenta de que, a pesar de
su apariencia, era un hombre que alguna vez podía darnos
un disgusto. La fachada exterior se presentaba demasiado
30 lisa. No reaccionaba, pero sudaba. No se defendía, pero se
le hinchaba una vena en la sien. No gritaba, pero se ponía
rojo como un tomate. Y cuando hacía todo eso, cuando
sudaba, cuando enrojecía, cuando se le hinchaba la vena

en la sien, fíjese, sonreía, El esquema clásico. El cuadro
clínico del hombre que aguanta y no puede quitarse de
encima las piedras que lo abruman. Y vi las piedras enormes,
brutales, que los demás le ponían sobre el globo del espíritu.
La señora Milagros, la primera, por ejemplo. Lo trataba   5
sin ninguna consideración, despóticamente. Camilo, venga
aquí; Camilo, haga esto; Camilo, no sea idiota. Lo explotaba,
es la verdad.

¿Y Coretti? Coretti hacía bromas a costa de Camilo,
pero sin dirigirse a él.   10

¿Y las tres hijas de la señora Milagros? Son unas chicas
preciosas, vivarachas, aunque, claro, se han criado en un
ambiente que no es el más a propósito. Se acostumbran a . . .
usted sabe lo que es una casa de huéspedes. A él lo trataban
sin ninguna reserva, sin ningún disimulo, nada, como si él   15
fuese un mueble o el gato. Y eso es peligroso, usted sabe,
eso es peligroso, porque cuando una mujer no guarda frente
a un hombre ni siquiera esa mínima coquetería, esa reserva
indispensable para hacerle entender que lo considera una
persona del otro sexo, el hombre es capaz de cualquier   20
barbaridad, de cualquier locura.

Bueno, yo vi todo aquello, como le decía. Vi que él era
el pobre tipo al que todos elegían como término de compara-
ción, pero para lucirse ellos.[1] Y se sonreía, y se le hinchaba
la vena de la sien. Algún día no se sonreirá más, pensé,   25
algún día no se le hinchará más la vena, pensé, y ese día
alguien morirá.

Los demás no veían nada, pero yo veía aquello, veía que
el párpado le temblaba y que le brotaban en la frente
gotitas de sudor, y me daba cuenta de lo que pasaba en   30
su espíritu. Comencé a estudiarlo, a vigilarlo, a tenerlo, así,
en observación. Quería estar en condiciones de apartarme

[1] **pero . . . ellos** but to their own advantage

a tiempo. Que los otros, si les placía, encendieran fuego junto a un barril de pólvora. Que cuando el barril estallase, a mí no me alcanzara la catástrofe. Bueno, un día, este resentido conoció a Rosaura. Usted ya sabrá cómo, porque

5   lo llamaron a restaurar unos cuadros. Ella, ¡ ah, compañero, qué mujer espléndida! Qué ojos, qué pelo, y la voz, una voz un poco ronca, cálida, mojada. Voz de paloma herida. Usted no sabe. Usted no la conoció. Usted conoce sólo ese maniquí rígido que está ahora en la morgue. ¡ Pero si la

10   hubiera conocido cuando estaba viva! Ella era una de esas espléndidas mujeres sensitivas que tienen que pasarse la vida encerradas en sus casas, entre personas mediocres, sin horizontes espirituales, sin satisfacciones, sin expansiones. Vea que estas mujeres, por lo general, como viven espiritual-

15   mente frustradas, esperan que el amor las compense de todo. Se hacen del amor una idea fantástica, y cuando se casan, y el hombre no las entiende, o es un grosero que no está a la altura de su sensibilidad, sufren horriblemente.

Bueno, Rosaura pertenecía a esta clase de mujeres.

20   Vivía en un caserón lúgubre, frío, húmedo, donde todo estaba igual desde siempre, como en un museo repleto. Muchos muebles, pero ni una silla donde usted se sentaría. Todo para mirar, catalogado y en vitrina.

Entonces apareció él. Fue una de esas jugadas torpes[1]

25   del destino. En el museo, Camilo Canegato fue la pieza nueva que rompía, al menos por un tiempo, la rutina y el tedio. ¿ Usted cree que de lo contrario podría explicarse el amor de Rosaura por Camilo? Pero no, no, no era amor, no estuvo nunca enamorada de él. Fue puro efecto de contraste.

30   En otras circunstancias, ni se hubiera fijado en semejante tipejo. Pero en medio de esa decoración finisecular,[2] de

---

[1] **jugadas torpes**   ugly tricks
[2] **finisecular**   late nineteenth-century

golpe cae él como de otro mundo. Pintor. Todos los pintores
tienen una aureola, casi siempre falsa, de bohemia, de
genialidad triste y dulzona. Ella lo vio, percibió el contraste,
lo notó distinto, lo adornó con todas las cosas que estaban
dentro de ella misma. En cuanto a él, en seguida debió de   5
caer en la cuenta[1] de la impresión que había causado en
aquella muchacha. Imagínese, un pobre diablo como él,
que de pronto se convertía, por azar de las circunstancias,
en el objeto de la admiración de una mujer joven, hermosa,
rica.   10

Una vez que estuvo suficientemente trabajada la
admiración artística, enfiló hacia cosas menos inocentes.
Tenía a su disposición una mujer que no sabía nada del
mundo, que lo creía un semidiós, y él, que nunca había
hecho sombra en el suelo, ahora tenía, momentáneamente,   15
es cierto, dentro de las paredes de aquella casa, un poder
infinito. Es una tentación tremenda, incluso para un ser
normal, imagínese para él. Bajo un cañamazo de palabras
aparentemente candorosas, en realidad él aludía a, bueno,
a cosas que yo, con ser quien soy, sólo le diría a una mujer   20
en la oscuridad de un dormitorio, y él se las decía a las cinco
de la tarde y en la sala. Pero el placer estaba en que podía
decírselas impunemente, el placer estaba en que otra mujer
hubiera reaccionado violentamente, lo hubiera rechazado;
en cambio Rosaura, sin experiencia, inocente, sensible,   25
absorbía aquel vaho y se emborrachaba. Era el placer del
tipo que ve un frente inmaculado, un edificio flamante,
todo de mármol blanco, se da cuenta que puede arrojarle
una bomba de alquitrán y que nadie lo verá, y entonces
arroja la bomba y siente un espasmo de voluptuosidad. El   30
mismo placer, el mismo, absolutamente el mismo placer
oscuro, perverso, del que nunca pudo decir una mala

---

[1] **debió ... cuenta** must have realized

palabra, y un día está solo en su casa y se pone a repetir en
voz alta todo un repertorio de obscenidades.

Era eso, señor, créame. Él fue un hombre que nunca
había podido ejercitar los instintos de poderío que todo
5   hombre encierra en lo más profundo de su ser, y de golpe, por
las circunstancias que usted conoce, se le ofrecía vea qué
oportunidad, vea con quién.

Usted me dirá que Rosaura tenía veinticinco años,
que no era una criatura. Pero como si lo fuese.[1] Era como
10   si tuviese dieciocho años. Usted la hubiera visto cuando
huyó de su casa y vino a buscarlo a *La Madrileña*. Parecía
esos chicos que se han perdido en una feria y se les han
terminado las lágrimas y ya no pueden gritar llamando a
los padres, y miran a los transeúntes con unos ojos abiertos,
15   redondos, como si por primera vez mirasen el mundo. Y
en realidad, claro que es la primera vez, porque antes miraban
otro mundo, el mundo donde estaban los padres, la casa, la
familia, todas protecciones, defensas, pantallas, y ahora
las pantallas se han alzado, las cortinas se han corrido, y
20   ellos miran por primera vez el mundo.

Un hecho casual, como usted ya sabrá, Rosaura que se
olvidó de poner en el sobre de una de sus cartas el nombre
del destinatario, permitió que todos se enterasen de su
aventura amorosa. Claro que nadie sospechó entonces,
25   entonces ni nunca, que esa aventura ya no era todo lo
inocente que ellos creían.

No era suficiente que su aventura anduviera en boca de
todos y que todos los miércoles se hiciera la comedia de la
carta. Quiso más, todavía. Nos trajo el retrato de Rosaura,
30   por puro exhibicionismo. Otro hombre, no sé, pero me
parece que un hombre, sobre todo un hombre de su
edad, no va mostrando a todo el mundo, "miren, ésta

---

[1] **Pero ... fuese.** But it was as if she were.

es mi novia". Pero claro, el retrato era un triunfo, de
Camilo.

Yo sabía que la aventura con Rosaura era una espuma
pasajera, que se termina pronto y después se transforma en
rabia y en malestar. Quiero decir que llega un momento en   5
que la víctima no ofrece ya ningún nuevo incentivo a la
tentación del corruptor. Y ese momento llegó entre Rosaura
y Camilo Canegato. Hasta allí sí, hasta la seducción, hasta
la deshonra de Rosaura había encontrado placer, pero
después no. Después venían las consecuencias desagradables,   10
las responsabilidades, y esto, claro, ya no le interesaba.
Al contrario, lo temía. Y el idilio, para él, terminó. Pero no
para Rosaura. Ella había puesto algo más, mucho más,
que un placer momentáneo, o que una pasión erótica.
Había puesto su dignidad, su honra. En la trampa de   15
aquella aventura, que para él podía no significar nada,
ella había dejado su misma vida. Así que ella no podía
cortar el idilio como se corta una rama seca. Y entonces,
claro, se lo habrá dicho. Le habrá dicho que no
podía dejarla. Le habrá dicho que era necesario afrontar   20
las consecuencias, hablarle al padre, formalizar aquel
amor. ¡A quién se lo decía! Él no pensaba sino en
desaparecer.

Sí, inspector: Camilo Canegato detestó a Rosaura. A la
Rosaura seducida, llorosa, llena de reproches. Ése fue el   25
final de su aventura. En la hospedería, ignorantes como
son, notaron que algo le pasaba. Era evidente. Él inventó
una historia. Que encontraba a Rosaura un poco extraña,
un poco triste. Afectó, él también, sentirse triste. Pero no
era tristeza, no era tristeza lo que sentía. Era una deses-   30
peración. Y con una doblez inconcebible, nos decía justamente lo contrario: que ni Rosaura ni él encontraban un
modo de seguir viéndose después que él terminase el cuadro,

porque[1] el padre, porque la tía, porque Rosaura no salía
nunca de su casa.

Bueno, el último día, él se despidió para siempre de
Rosaura. Quién sabe cómo habrá sido, en realidad, esa
5 ruptura. Pero él inventó para nosotros una versión que
usted ya conocerá. Según esa versión, Rosaura se había
mostrado llorosa y enigmática, le había rogado que esperase,
que no tratase de volver a verla sino cuando ella se lo pidiese.
Pero ella le envió una última carta. Camilo no esperaba
10 esta carta. Es una carta que, debidamente interpretada, lo
ponía al descubierto.[2] Pero en *La Madrileña* creyeron
que lo que Rosaura le comunicaba era que todo estaba
perdido para ambos, que el padre se oponía, y que ella
tenía que casarse con el otro, con el primo segundo. No,
15 inspector. Vea, Rosaura escribió unas pocas líneas, pero
estas líneas decían precisamente lo contrario de lo que ellos
entendieron. Yo se las repetiré más o menos textualmente,
pero descifrándole su contenido. Usted sígame. Rosaura
escribió esto: "Camilo". Nada de querido, de tesoro, de
20 amor. Simplemente "Camilo". Así se dirige la mujer
engañada y desengañada al hombre que la engañó y
al que ahora contempla lúcidamente. "Camilo: adiós
para siempre." Tono de quien, después de haber rogado
mucho, termina por resignarse. "A pesar de todo
25 cuanto he luchado, de todo cuanto he suplicado,
no he podido vencer la crueldad de mi destino." Y ellos
creyeron que se refería al padre. Al propio Camilo se
refería. "Sé feliz con otra mujer que conociéndote como
yo te conocí", ¿ siente la ironía?, "amándote como
30 yo te amé", no "como yo te amo", sino "como yo
te amé", "pueda darte la dicha que a mí me ha sido

---

[1] **porque** because of
[2] **lo . . . descubierto** exposed him

vedada." O sea, se case contigo. "Adiós y perdóname.
Rosaura."

Como usted ve, la carta decía algo bien distinto de lo
que ellos entendieron. Se pusieron a la tarea de convencer a
Camilo, ¿ sabe de qué querían convencerlo?, de que tenía
que luchar por Rosaura. Y le proponían raptos, tiroteos,
luchas, ir a la casa de ella y gritarle qué sé yo qué cosas al
padre, batirse con el novio, provocar escándalos. Usted
tendría que haber visto a aquellas mujeres. Y Camilo, que
justamente quería que lo dejasen tranquilo, que quería
terminar cuanto antes con el episodio de Rosaura, las
apartaba con furia, con ganas de pegarles, se escudaba en
pretextos estúpidos, decía: "Lo hago por el bien de ella,
para que no sufra", o si no: "Que se case con el otro, que
se case con las riquezas del otro, ya que las prefiere a mi
cariño", con lo que ellas, claro, se encolerizaban, trataban
de hacerle entender que estaba equivocado, que Rosaura
sufría como él, más que él, y para demostrárselo, le mostra-
ban la última carta, le leían, a su modo, las frases allí escritas
y él resistiendo, fingiendo dolor; yo sé que rogando por
dentro que lo dejasen en paz, a él y a la maldita Rosaura.
Le digo que fue una tragicomedia de la que me considero
el único espectador. Porque a mí no me engañaba.

Fue por ese entonces mi encuentro fugaz con Rosaura,
no sé si la señora Milagros le habrá contado. Una noche yo
volvía de la Facultad, en tranvía, por Pueyrredón. Cuando
llegamos a la esquina de Santa Fe, me acuerdo que me puse
a mirar distraídamente a la gente apiñada en el refugio.
Y de golpe, entre aquellas caras me pareció ver una que
ya conocía. No, no, que conocía, no. Una cara familiar,
pero que sin embargo no había visto nunca, así, como cara.
Claro, era el rostro que sonreía junto a un florero, allá, en
el cuarto de Camilo. Golpeé en el vidrio de la ventanilla,

grité: —"¡ Rosaura! ¡ Rosaura!", ella levantó los ojos
hacia mí, me puse de pie, pedí permiso, atropellé, pero
cuando llegué a la plataforma y pude bajar, el tranvía
había llegado a Charcas. Volví corriendo hasta Santa Fe,
5   busqué en el refugio, recorrí las esquinas, eché un vistazo
a las confiterías de los alrededores. Nada. Rosaura ya no
estaba.
    Cuando llegué a *La Madrileña* no dije nada de momento.
Esperé la oportunidad, cómo decir, la oportunidad táctica.
10   La oportunidad táctica se me presentó durante la cena.
Usted sabe, la comida es un momento psicológicamente
ideal, porque tiene dos ventajas. Una, que la persona a la
que usted quiere, por ejemplo, poner a prueba, o provocarle
una reacción, no puede eludirse. No; tiene que quedarse
15   allí, en su asiento, rodeada del círculo de sus comensales,
bloqueada por los demás. Y la segunda ventaja es que la
función de comer entorpece las facultades intelectuales,
aunque los franceses digan lo contrario. Cuando usted come,
la sangre afluye toda al estómago, el cerebro se idiotiza, y
20   su candidato está menos lúcido, menos despierto que en
cualquier otro momento. Bueno, como le decía, mientras
cenábamos se hizo por ahí un completo silencio. Yo aproveché. Levanto la cabeza, lo miro fijo a Camilo y le digo,
de golpe, bien claro: —"¿ Sabe, Canegato? Acabo de ver
25   a Rosaura." Imagínese la sensación que causé. Todos dejaron
de comer y me miraron, y como todos me miraron a mí,
claro, porque era yo el que había hablado, nadie lo miró a
él, pero yo lo miraba a él y por eso fui el único que sorprendió su reacción. Cuando yo hablé levantó bruscamente
30   la cabeza, pero no me miró. Se quedó inmóvil, la vista
fija en un punto cualquiera del mantel, con el tenedor en la
mano, el cuello rígido, detenido como en una instantánea.
Yo no le quitaba el ojo de encima. Los otros empezaron a

preguntar a coro, pero yo les contesté con cierta reticencia, cortando las frases por la mitad, embarullándome a propósito, tanto como para dar a entender que no decía toda la verdad. Sabe, lo que yo me proponía era dejarlo con la duda de si Rosaura había hablado o no conmigo, si me había hecho alguna confidencia. La señora Milagros me preguntó:—"¿Pero está seguro de que era ella?"—"Segurísimo", respondí. "Cómo no iba a ser ella, si estuvimos . . ." y me callé, como arrepentido de haber dicho más de lo que era conveniente. —"¿Si estuvieron qué?", chillaron los otros. —"Nada, nada", dije; "era Rosaura y basta. ¿No es cierto, amigo Camilo, que era Rosaura?", agregué, dirigiéndome a él. No se movió, ni me contestó. Y de golpe, ante el asombro general, cuando nadie lo esperaba, arroja la servilleta sobre la mesa, suelta el tenedor, se levanta y se va.

Sin embargo, la señora Milagros seguía instigándolo al rapto de Rosaura. Pero usted ya sabrá el recurso con que Camilo aisló a su víctima de nosotros. No hubo quien le arrancara[1] la dirección de Rosaura. Y Rosaura se quedó sola, inaccesible para nosotros, con las comunicaciones cortadas, como si viviera en el pico de una montaña. El único punto débil en el plan de Camilo era que Rosaura conocía su domicilio. Le había mandado cartas a *La Madrileña*. Así que si nosotros no podíamos ir hacia ella, ella podía venir hasta nosotros. Y eso lo tuvo preocupado hasta el último momento. La manera de cortar esa cabecera de puente[2] consistía en mudarse a otra pensión, trasladar el taller, no dejar rastros. Y en tales maniobras anduvo. Porque una mañana oí desde mi cuarto a la señora Milagros, que decía, contestando a algo que él acababa de decirle:

---

[1] **No . . . arrancara**   No one could get out of him
[2] **cabecera . . . puente**   bridgehead

—"¿ Que quiere mudarse? ¿ Pero está loco, don Canegato? ¿ Y por qué quiere mudarse? Usted no se muda nada." La demora le fue fatal. Aquel mismo día, por el puente, sorpresivamente, a las diez de la noche, entró Rosaura en
5 *La Madrileña.* Apenas la señora Milagros gritó: —"¡ Es Rosaura!", todos nos levantamos y disparamos para la puerta de calle. Todos, menos él. Vea, justo él. Él se quedó en el comedor. Yo, que fui el último en salir, le eché una ojeada.[1] Se había puesto de pie. Con una mano se apoyaba
10 en la mesa, como si no pudiera sostenerse parado, y con la otra apretaba convulsivamente la servilleta contra el pecho. Y no miraba nada, ni a nadie. Tenía la mirada vidriosa del borracho. ¿ Emoción? Déjeme que siga. Nosotros fuimos a recibir a Rosaura. La saludamos, la
15 agasajamos, la abrazamos. Y él siempre en el comedor. Lo llamamos a los gritos, y no venía. Entonces hicimos entrar a Rosaura. Rosaura, rodeada de todos nosotros, entra en el comedor. Camilo no se mueve. Coretti tuvo que empujarlo para que se acercara a Rosaura. Y cuando se le
20 acerca, ¿usted sabe lo que hizo? Le da la mano, le extiende una mano de muerto, y le dice: —"¿ Cómo está?" Ninguna explicación, ninguna pregunta, nada. Pero ahora, ¿ quién es el tonto? ¿ Quién tenía razón?

Lo que digo es que ni esa noche, ni nunca, entiéndame,
25 inspector, nunca, Rosaura y Camilo se expresaron mutuamente amor, ternura, pasión, el regocijo de sentirse juntos. Nunca, nada. Poco tiempo vivió Rosaura en *La Madrileña.* A la mesa, la sentaron junto a Camilo. Pero el gasto de frases bonitas lo hacían los demás. Ellos les sonreían, pero
30 no se sonreían entre ellos.

Entretanto, Camilo Canegato se hundía en la neurosis. Una arruga vertical, profunda, le dividía en dos la frente.

[1] **le ... ojeada** glanced at him

Su mirada ya no podía detenerse en ninguna cosa. Sorprendí en sus ojos una demencia homicida. Y temí por Rosaura. Ella, misteriosamente, por esas telepatías de los espíritus hiperestésicos, intuyó que tenía en mí un aliado. Porque ya a los dos días de su llegada Rosaura tuvo una conversación conmigo. Resulta que yo me iba para la calle, cuando me la encuentro en la puerta de su habitación, la habitación que antes había sido la mía. Estaba como indecisa, no sabía qué hacer. Me le acerco y le digo: —"¿Qué tal, cómo se siente?" Se sonrió, apenas, apenas la punta de una sonrisita, me miró y me dijo: —"Desearía hacerle una consulta. Como usted ya es casi abogado." —"Diga no más", le contesté. —"Si una persona se casa con nombre falso, ¿qué pasa?" ¿Con nombre falso? ¿Qué pasaba? ¿Anulación? No. ¿Qué diablos decía la ley de matrimonio civil? No, no pasaba nada, siempre que... —"Vamos a ver, Rosaura, ¿cuál es su problema?", dije. —"Es que —rio— se trata de algo, se trata de mí". — "¿De usted? ¿Usted quiere casarse con nombre falso?" —"No, resulta que yo... Yo no me llamo Rosaura." "¿Cómo, no se llama Rosaura?" —"Rosaura es un nombre que convinimos Camilo y yo, para despistar. Yo me llamo Marta." —"Y usted, en sus documentos, ¿cómo figura? ¿Como Marta?" —"¿Documentos? ¿Tengo que presentar documentos?" Sí, y llenar un formulario. Documentos hay que presentar. Si no, ¿cómo saben en el Registro Civil a quiénes casan? —"¿Por qué?", dije. "¿Usted se vino sin ningún documento?" —"Tengo una cédula", contestó. —"¿Una? ¿Cómo, una?" —"Bueno, tengo mi cédula de identidad" —"Es suficiente. Y allí ¿cómo figura su nombre?" —"Como Marta." —"Entonces, no hay más que decir." —"Sí, bueno", insistió, "pero lo que quiero saber es si yo figurase como Rosaura, aunque Rosaura no sea mi verdadero

nombre, y mi marido lo sabe, ¿ el casamiento vale o no
vale?" —"Sí que va'e." —"Ah, bueno. Así que nadie podrá decir que no estoy casada." —"Pero ¿ quién va a
decir semejante cosa?" Y en eso estábamos, usted ve, una
5 conversación me parece que bien honesta, cuando apareció
Camilo, que volvía del trabajo. Rosaura se levantó y se fue
a su cuarto, yo hice lo mismo. Aquella noche, durante
la cena, la señora Milagros aludió varias veces a los que
meten su cuchara en el plato del vecino. Yo me sonreí y
10 callé.

Bueno. Llegó la semana de la boda. Camilo parecía
un hombre condenado a muerte. Casarse con Rosaura
era para él como cargar con el cadáver de su venganza. Al
final, resultaba que su víctima triunfaba y él perdía;
15 porque linda venganza, esa de cargar con la muchacha
deshonrada y sin un cobre. ¡ Si él no quería casarse,
no quería! Pero no pudo zafarse. Lo rodeaba mucha gente,
muchos testigos. Pero la neurosis lleva dentro de sí un
poderoso impulso de agresividad. Y yo no me distraje.
20 Y gracias a eso, a que no me distraje ni un segundo, pude
desbaratar el último intento que hizo para librarse de
Rosaura. Permítame que le cuente el episodio tal como
sucedió, porque quién sabe lo que ha dicho la señora Milagros.

Fue un sábado a la tarde. Yo volvía no sé de dónde,
25 pasada ya la hora del almuerzo. *La Madrileña* estaba en
un completo silencio. Todo el mundo dormía la siesta.
Entré en la casa sin hacer ruido y me detuve un momento
en el vestíbulo; el vestíbulo tiene muchas macetas con
plantas, y en ese momento estaba en penumbras, cuando a
30 través de la ventana veo que por el patio avanza Camilo en
puntas de pie,[1] en la actitud inconfundible, sigilosa, del
que no quiere ser visto por nadie. Me escondí rápidamente

---

[1] **en . . . pie**   on tiptoe

detrás de una planta de grandes hojas y espié. Él avanzó, sin sospechar, claro, mi presencia, y llegó hasta la puerta del cuarto de Rosaura. Golpeó en la puerta, muy suavemente, porque yo no oí nada, sólo vi el gesto, y cuando Rosaura abrió, él, brutalmente, la empujó para adentro,   5 entró a su vez, y cerró la puerta. Silenciosamente, pero rápidamente, me acerco y pego la oreja. Primero no oigo nada. Hablarían muy bajo. Pero después comienzo a escuchar, sí, algunos sonidos, algunas palabras. Me pareció que discutían. Y en eso él levanta un poco la voz, lo oigo   10 perfectamente, él, que le dice: —"¡Váyase, váyase cuanto antes de aquí!" ¡Justo, justo lo que yo temía! La estaba echando a la calle, como a un perro. El corazón me ahoga. Un silencio. Ella que le debe de contestar algo. Y él otra vez: —"No importa, invente algún pretexto, pero váyase,   15 váyase." Otro silencio. Y de golpe él, ese infeliz, grita: —"¡Puta! ¡Puta!" Vi todo rojo. Abrí la puerta de un empellón[1] y entré, entré, se lo juro, dispuesto a despedazarlo, a matarlo. Los dos dieron un grito, pero Rosaura en seguida adivinó mis intenciones y corrió a mi encuentro,   20 me abrazó fuertemente, interponiéndose entre los dos, impidiéndome que yo avanzara, mientras lloraba y gritaba: —"¡Señor Réguel! ¡Señor Réguel!". Yo, imposibilitado de moverme, lo cubría de insultos. Con el alboroto todos se levantaron, vinieron corriendo al cuarto de Rosaura,   25 preguntaron qué pasaba, nos vieron a los tres con caras terribles, a Rosaura que sollozaba en mis brazos, imaginaron quién sabe qué cosas, pero yo no hablé, y él tampoco, él salió de la habitación y los demás se quedaron mirándonos a Rosaura y a mí, nos miraban como pidiéndonos cuentas.   30 Dije: —"Lo que ha ocurrido es que ese, ese señor Canegato le faltó el respeto a la señorita y yo tuve que salir en su

[1] **de . . . empellón**   with one shove

defensa. Eso es todo", pero comprendí que no los convencía.
Los hombres se sonreían entre ellos, y las mujeres miraban
para el suelo. La señora Milagros, con cara de enojo, tomó
a Rosaura de un brazo y se la llevó para el comedor. Los
5   otros se desbandaron.

Yo me quedé en el patio un rato, para que se me calma-
sen los nervios. No quería volver al mismo cuarto donde
estaba él. En otras circunstancias hubiera exigido que me
cambiasen de habitación. Pero por Rosaura hacía gustoso
10 el sacrificio. Tuve que ir allá, a cambiarme. Lo encontré
sentado en el borde de su cama, la cabeza entre las manos.
Cuando entré, ni se movió. No nos dijimos una palabra.
Nunca más nos hablamos. Pero yo no abandoné mi puesto
de vigía. De noche lo oía suspirar. No dormía. Daba inter-
15 minables vueltas. A ratos gemía, gemía sordamente, bajo
las sábanas, como en sueños.

Y este hombre, señor, este hombre fue el que ayer se
casó con Rosaura. O con Marta Córrega. Ella estaba contenta. No digo feliz, pero contenta. Contenta aunque
20 supiera que se unía a la sombra del Camilo Canegato que
ella había amado una vez. A las mujeres les es suficiente
una apariencia hermosa, con tal que satisfaga a todos,
aunque bajo esa apariencia coloquen su propio sacrificio.
En el Registro Civil, a la noche, durante la pequeña fiesta
25 que les preparó la señora Milagros, ella se sonreía como si
fuese la mujer más feliz del mundo. Y nadie, excepto yo,
supo interpretar aquella sonrisa. ¡ En cambio, él! Ni una sola
vez miró a la novia, ni le habló, ni le tomó las manos. Estaba
junto a Rosaura como un chico al que le han encargado
30 vigilar un cadáver. Intenté confiar a alguien mis temores.
A Coretti, por ejemplo. —"¿ Eh? ¿ Quién? ¿ Camilo?",
me contestó riendo. "Pero déjese de macanear, che."[1]

[1] **"Pero . . . che."**   Aw, don't be silly.

Estaba escrito, señor. Estaba escrito que yo debía ser el
único testigo. *left up*
   Llegó la hora en que los novios se irían. El corazón se
me encabrító. Rosaura a solas con Camilo. Salí antes que
ellos y los esperé dentro de un taxi. Vi cómo los despedían.   5
Al fin partieron. Le dije al chofer que siguiera discreta-
mente al automóvil en que iban los novios. Era un enorme
Lincoln negro, de *remise*,[1] así que seguirlo a distancia sin
perderlo de vista era un juego de niños. El Lincoln tomó por
Rivadavia[2] para el centro. Estaba convenido que pasarían   10
la noche en el *Hotel Wien* y que al otro día se irían a
Córdoba.[3] El *Hotel Wien* está situado, como usted sabrá, en
Maipú, a media cuadra de Retiro. El Lincoln, al llegar a
Congreso, dobló por Callao. Le juro que de golpe me sentí
en ridículo. Iban al hotel y no pasaría nada. Ya estaban   15
casados, así que, yo, ¿ para qué me había puesto en gastos? *for what have I put out expenses*
Cruzamos Corrientes, después Córdoba, Santa Fe. Llegamos
al bajo. Doblamos por la avenida.[4] Estaba todo desierto.
Llegamos a Retiro. Pero seguían. Seguíamos. ¿ Qué pasaba?
¿ Adónde iban? Cruzamos Retiro a toda velocidad. El   20
Lincoln tomó Alem y después subió por 25 de Mayo. Era
extraño. ¿ Por qué se metían en esa calle inmunda? *dirty* Pocas
cuadras más adelante se detuvo. Nosotros también. Vi
que bajaban los dos del coche, cada uno con una valija
en la mano; vi que él le pagaba al chofer y que después   25

---

[1] **remise**   *a hired car*
[2] **Rivadavia**   *Rivadavia and the other streets here mentioned are located in
the downtown district of Buenos Aires.* **Congreso** *is the Congress Building,
or its plaza, and* **Retiro** *is one of the city's principal railroad depots.
(See map.)*
[3] **Córdoba**   *This reference is to the city of Córdoba; the next reference to
Córdoba in this paragraph is to the street of that name.*
[4] **la avenida**   *The avenue is broad Avenida Libertador General San Martín, which leads to the waterfront area of downtown Buenos Aires.*

entraban en un edificio que tenía un letrero sobre la puerta.
Yo bajé a mi vez, pagué mi viaje, me acuerdo que todavía
me demoré un rato porque el taximetrista no encontraba
los veinte centavos del vuelto.

5   El edificio donde habían entrado era un hotelucho
infame,[1] uno de esos alojamientos del bajo, con "camas para
caballeros". El letrero encima de la puerta decía: *Hotel La
Media Luna.* La puerta estaba abierta, y se veía una escalera
de madera, mugrienta, mal iluminada. ¿ Pero por qué, por
10   qué, me preguntaba yo, han venido a este sitio? Me paseé,
indeciso, un rato por la vereda. La calle estaba desierta y
la cruzaba un vientito frío que subía del puerto. Por la
esquina vi pasar, caminando lentamente, a un agente de
policía. Esperé, qué sé yo, como un cuarto de hora más.
15   De golpe oigo, bien claro, en el silencio de la noche, unos
pasos que descienden atropelladamente por la escalera de
madera del hotelucho. Doy media vuelta, corro hacia el
hotel, y justo cuando llego a la puerta, él salía. Camilo
Canegato. Salía a la carrera,[2] los ojos fuera de las órbitas, sin
20   corbata, la ropa en desorden. Le grité: —"¿ Qué le pasa?
¿ Por qué dejó a Rosaura?" Me miró vagamente, como si
no me reconociera. Lo tomé de las solapas, lo sacudí, volví
a gritarle: —"¿ Qué ha hecho? ¿ Dónde está Rosaura?"
Se sonrió, y se desplomó, blandamente, sin ruido, como un
25   trapo que usted deja caer al suelo.
    Comprendí que algo terrible había sucedido. Subí en
dos saltos la escalera del hotel. Cuando llegué arriba me
encontré con un hombre, de pie. Tenía una actitud un poco
forzada, como si se hubiera detenido de golpe al oírme a
30   mí. Avancé y le dije, nerviosamente: —"¿ Usted es de
aquí, del hotel? Dígame, ese hombre que acaba de salir,

---

[1] **hotelucho infame**   shabby little hotel
[2] **a . . . carrera**   on the run

¿ cuál es su habitación? Ese hombre bajito, que vino hace
un rato con una rubia y dos valijas". El otro seguía inmóvil. En esos momentos, como usted comprenderá, yo no
estaba como para fijarme en detalles, pero ahora sé decirle
que era una bestia, un antropoide. Una cicatriz temblona   5
y larga le cruzaba la mejilla, y otras dos o tres, cortitas,
le bordaban la frente. Me miraba y no se movía, me miraba
y no me contestaba. ¿ Pero estaba dormido, aquel animal?
¿ No me entendía? Le volví a repetir: —"Quiero que me
diga cuál es la habitación de ese hombre que acaba de salir   10
corriendo. Salga, venga a verlo, está allí tirado en la vereda."
Entonces, por fin, habló. —"¿ Qué le pasa?", chirrió.
"Éste es un hotel decente. ¿ Qué quiere aquí? ¡ Vamos,
váyase!" Su estupidez me enfureció. "¿ Pero no se da
cuenta que ha pasado una desgracia? Entreabrió unos   15
párpados de hipopótamo y aparecieron los ojos como dos
glóbos súbitamente inflados. —"Lo único que le pido",
grité, "lo único que le pido es que me deje ver la habitación
donde está la rubia." El dio un paso, dispuesto a atajarme.
Sentí una rabia loca. —"¡ Voy a llamar a la policía, creti-   20
no", grité, "y entonces va a ver cómo tengo razón!"
    Reaccionó de una manera inesperada y brutal. Saltó
hacia mí como un tigre. Apenas tuve tiempo de dar media
vuelta y correr por el pasillo hasta el vestíbulo. Y él
detrás, gritando en un idioma desconocido, creo que árabe.   25
Me largué por la escalera. Bajé y llegué a la calle. Camilo
seguía tendido en la vereda. Corrí hacia la esquina, en busca
del agente que había visto antes. No estaba. Tomé por la
calle transversal, me parece que es Viamonte, y llegué a la
esquina de Reconquista. Allí lo veo al agente. —"Venga,   30
venga", le grité, "han matado a una mujer en un hotel
de aquí a la vuelta,[1] en *La Media Luna*." Corrimos hacia

[1] **a ... vuelta**   around the corner

120   *Marco Denevi*

el hotel. Por 25 de Mayo, desalmadamente, huía Camilo.
—"Aquél, aquél es el asesino", grité. Nos fue fácil alcan-
zarlo. No se resistió. El agente lo tomó de un brazo y yo
de otro, y así volvimos a *La Media Luna.*

5 Subimos otra vez la escalera. En el vestíbulo nos recibió
el de las cicatrices. Pero ahora se mostraba cortés y saludó
al policía con una sonrisa servil. El agente parecía conocerlo
y lo llamó por su apodo. Turco Estropeado. Turco, sí,
aparentaba serlo. Pero estropeado,[1] no sé, a lo mejor[2] por

10 el bordado de la cara. El Turco, al fijarse en Camilo, abrió
la boca. —"¡Cómo! ¿Usted no estaba adentro?", exclamó.
Yo no pude más y salté: —"¿Y yo no se lo dije? ¿No le
dije que estaba tendido en la vereda?". Me miró como si no
me comprendiera. El agente se impacientó. —"Bueno,

15 vamos, llévame a la habitación que le diste a este hombre",
ordenó. El de las cicatrices nos condujo por el pasillo hasta
la última puerta. Allí se detuvo y miró al policía.
—"¡Abrí!"[3] dijo éste. El turco abrió, y entramos en un
cuarto crudamente iluminado. En la cama toda revuelta, en

20 medio de un desorden indescriptible de las colchas, sobre
una almohada torcida, el rostro de Rosaura atronaba de
una púrpura atroz. En el cuello, las marcas de unos dedos
de hierro le dibujaban un collar abominable. El Turco
lanzó un "¡Oh!" y se llevó las manos a la cabeza. El agente

25 se acercó, se inclinó unos segundos, volvió a incorporarse,
dijo brevemente: —"Está muerta", y miró a Camilo.

Camilo, apoyado contra la pared, parecía no ver ni

---

[1] **estropeado**   maimed
[2] **a ... mejor**   maybe
[3] **¡Abrí!**   Open it! (*This is the imperative form which corresponds to the
"voseo" speech so common in Argentina. It is the "vosotros" command
form with the final "d"—of "abrid," for example—dropped and the
last syllable stress retained. The subject pronoun is "vos."*)

oir nada. El Turco se lamentaba quejumbrosamente:
—"¡Qué calamidad, señor, qué calamidad para mi hotel!"
Otro hombre entró en la habitación, un muchacho alto
y flaco, vestido con una camisa amarilla, y que preguntaba:
—"¿Qué pasa, Turco?" Y el Turco respondía: —"Este 5
loco, Ministro, que acaba de matar a esa chica." El policía
dijo:—"Sáquenlo afuera." Salí al corredor.

III

CONVERSACIÓN CON EL ASESINO

UNO

INSPECTOR JULIÁN BAIGORRI:[1] DISCULPE SI VENGO A
molestarlo aquí, pero como usted no ha querido
hablar con . . . con los muchachos, me pareció mejor
que los dos conversáramos donde nadie pueda interrum-
pirnos. ¿ Fuma? 5
 —CAMILO CANEGATO: No, gracias.
 —¿ No fuma? Mire, yo hubiera jurado que fumaba.
¿ Sabe por qué? Sus dedos, así, amarillentos, me parecieron
dedos de fumador.
 —Los ácidos. 10
 —¿ Usted usa ácidos?
 —Ácidos, barnices, tintas, solventes . . .
 —Ah, usted se refería a su oficio de . . .
 —De restaurador de cuadros.
 —¿ Y hace mucho que trabaja en eso? 15
 —Desde niño. Tenía doce años cuando mi padre me
puso a trabajar en su taller.

[1] *The inspector in charge of the investigation into Rosaura's death is now
identified. It is interesting to observe how he draws Camilo out into casual
conversation, how he gets him off guard and then moves into interrogation
dealing with his background. Another technique he uses, as will be observed
in this chapter, is the abrupt changing of the subject—with the purpose of
catching Camilo with his mind elsewhere.*

—Su padre también era pintor . . .

—Pintor, exactamente pintor . . . Yo no lo soy. Apenas restauro, retoco las obras que otros crearon, que otros realizaron.

5 —Sin embargo, sé que ha hecho unos lindos cuadritos. Por ejemplo el retrato de la señora Milagros y sus hijas. Lo vi en el comedor de *La Madrileña*. Es hermoso.

—Je, je.[1] Eso es pintura sobre fotografía.

—¿ Pintura sobre fotografía? ¡ Qué me cuenta![2] A mí 10 me gusta mucho la pintura.

—¿ De veras?

—A usted le extrañará, en un hombre de mi profesión . . . Pensará que lo digo . . .

—No, si le creo. ¿ Y qué escuela le gusta? ¿ La clásica? 15 ¿ Los impresionistas?

—¿ Eh? ¿ Qué? No, no. La pintura me gusta, así, en general . . . ¿ Qué me decía de ese retrato de la señora Milagros y de sus tres hijas?

—Le decía que es pintura sobre fotografía.

20 —¿ Y en qué consiste?

—Muy fácil. Se toma una fotografía, se la amplía al tamaño que se prefiera, proyectándola sea directamente sobre el lienzo, sea[3] en un papel especial, se le da primero una base, un preparado transparente, y luego se la va 25 cubriendo con pintura al óleo, en pinceladas finas, nada de pintura gruesa, desde luego, hasta cubrirla totalmente. La fotografía le sirve de diseño, de contorno, y usted no tiene sino que aplicarle color.

—¡ Qué me cuenta! Su padre le habrá enseñado mucho 30 a usted de esto . . .

---

[1] **Je, je.** *Camilo's nervous laughter is transcribed in this manner.*

[2] **¡ Qué . . . cuenta!** Imagine that!

[3] **sea . . . sea** either directly on the canvas, or

—Mi padre me puso a trabajar en su taller, y no era cuestión de que me gustara o no me gustara.

—Su padre, y permítame la pregunta, su padre sería un hombre severo, ¿ eh?

—Oh, sí. Severo y silencioso. Era capaz de pasar todo 5
un día sin hablarme. Pero me manejaba con la mirada.

—¡ Ah, ah! ¿ Y su madre?

—No alcancé a conocerla. Murió cuando yo tenía un año.

—¡ Ah! Así que aquel retrato de la señora Milagros y 10
sus hijas . . . Con razón no debieron posar.[1]

—Ah, ¿ la señora Milagros le contó?

—Sí, estuvimos hablando. Buena gente.[2] A usted lo estiman mucho.

—Y yo a ellas. Sí, buena gente, realmente. Sólo por ellas 15
he vivido allí tanto tiempo.

—¿ Doce años, si no me equivoco?

—Exactamente. Doce años. Matilde andaba por los once, y Enilde no tendría cuatro años, cuando yo fui a vivir a *La Madrileña*. 20

—Han sido como una familia para usted, ¿ eh?

—Exactamente. Como una familia. Y por eso, sólo por eso, me he quedado siempre allí. Yo era de los que sentían terror por cualquier cambio, por cualquier volver a empezar[3] que significase gentes extrañas, caras desconocidas, 25
un ambiente nuevo y hostil. No, no. La primera pensión a la que me mudé, apenas muerto mi padre, fue *La Madrileña*.

—Pero, además de su oficio de restaurador de cuadros, usted tiene una habilidad que no me ha dicho.

—¿ Yo? ¿ Una habilidad? 30

_____

[1] **Con . . . posar.**   So that's why they didn't have to pose.
[2] **Buena gente.**   (They're) nice people.
[3] **volver . . . empezar**   new beginning

—Usted falsifica documentos.

—¿Yo? ¿Documentos?

—La cédula de identidad donde Rosaura se llama Marta Córrega es falsa. El número corresponde al de una
5 persona del sexo masculino, fallecida[1] hace unos años. Usted no sólo restaura cuadros. También restaura documentos.

—Sí, es posible, es posible.

—¡Ah!

10 —No, digo que es posible que la cédula sea falsa.

—Es falsa.

—Pero no la falsifiqué yo. Además, será falsa para este mundo, este mundo donde ahora estamos usted y yo, pero quizá sea verdadera en el mundo de Rosaura.

15 —¿Qué quiere decir?

—Usted busca a Rosaura. Usted busca la verdadera personalidad de Rosaura. Je, je, no la va a encontrar.

—¿Puedo preguntarle por qué?

—Porque Rosaura no existe.

20 —Y por eso usted está aquí.

—No, no. Digo que Rosaura jamás existió.

—¿Ah, no?

—Vaya a la casa del viudo, en Belgrano. Le puedo dar la dirección. Interróguelo. ¿Es cierto que es viudo? Sí.
25 ¿Es cierto que su mujer falleció hace diez años, de cáncer? Sí. ¿Es cierto que esta viejecita de anteojos es su cuñada? Sí. ¿Es cierto que arriba, en su gabinete de trabajo, tiene un gran retrato de la difunta? Sí. ¿Es cierto que el señor Camilo Canegato restauró hace poco dicho cuadro? Sí.
30 ¿Es cierto que usted tenía una hija? Y el viudo le contestará: ¿Una hija? ¿Qué hija? Yo no tengo ninguna. No tengo hijos. Cómo, ¿y Rosaura? ¿De quién me está usted

---

[1] **fallecida**   deceased

hablando? ¿ El señor Camilo Canegato no hizo un retrato al
óleo de su hija? ¿ No se enamoró, luego, de ella, y ella de
él? ¿ No huyó Rosaura de su casa? Y el viudo abrirá la
boca, lo mirará a usted con aquella mirada que tiene, y le
dirá: Usted está loco, señor mío. Le repito que no tengo   5
ninguna hija. Y en cuanto a mi sobrino, hace cinco años que
está casado.

—¿ Así que toda la historia de Rosaura, que usted contó
en *La Madrileña*, es una pura invención suya?

—No, toda no, toda no. El viudo existe, la tía con   10
anteojos existe, el chofer japonés existe, el sobrino existe.
Hay en Belgrano una mansión toda cubierta de hiedra,
y yo he ido a esa mansión a restaurar el retrato de una
muerta. Hasta allí la historia es verdadera. Pero, en esa
realidad, yo interpolé un sueño, y mi sueño se llama   15
Rosaura, yo introduje un fantasma, y el fantasma se llama
Rosaura.

—Sí, usted dice un sueño, un fantasma, pero lo que hay
allá en la morgue parece de carne y hueso.

—Je, je, yo no sé lo que usted tiene en la morgue.   20
Yo le hablo de Rosaura. Rosaura sí es una pura invención
mía, una pura creación mía. Rosaura me pertenece entera-
mente. Yo le di nacimiento, le di vida, forma, rostro,
nombre. Yo pude hacerla desaparecer. Je, je. ¿ Tiene una
lapicera? Alcánceme ese papel. Mire: aquí tiene la escritura   25
redonda y prolija de Rosaura. ¿ Ve? Rosaura escribía por
mi mano. ¿ Y la trenza rubia? La trenza rubia la compré
en un negocio de postizos de la calle Suipacha. ¿ No le
digo? Yo fabriqué a Rosaura. La fabriqué aquí, aquí, en
mi cabeza. Rosaura era un ser imaginario, un sueño, je,   30
je, un sueño, nada más que un sueño. Yo sueño mucho, yo
sueño mucho. Pero anoche desperté. Ah, desperté después
de un largo sueño.

—Sí, pero cuando yo despierto, no aparece al mismo
tiempo un cadáver en mi cama.

—¿ Y eso es lo que me compromete? El cadáver en
mi cama. ¿ Y por qué me compromete? ¿ Qué culpa tengo
5   yo de que haya aparecido el cadáver? Cuando desperté el
cadáver ya estaba allí. . . . Desde niño he soñado siempre,
he soñado mucho. De niño soñaba unos sueños absurdos,
unas pesadillas que me hacían despertar de terror, y despierto
y todo seguía gimiendo y sollozando en la cama, hasta que
10   venía mi padre, encendía la luz, y con una sola mirada de
sus ojos me levantaba al día frío y lúcido donde reinaba su
cólera. Ya de grande, los sueños continuaron poblando mis
noches.

Soñar, vivir, ¿ donde está la diferencia? Yo no percibo
15   la diferencia. Para mí es todo lo mismo. Soñar una muerte
es vivir esa muerte. Soñar un goce es vivir ese goce . . .
También he soñado que soñaba. ¿ Usted no, nunca? No,
usted no habrá pasado nunca del primer círculo del sueño.
Pero yo sí. Yo soñé que soñaba. Y soñé que despertaba del
20   segundo sueño, del sueño soñado, y decía: "Ah, fue un
sueño", y creía estar despierto. Quizá la vida sea eso, un
sueño metido dentro de otro. Quizá la vida sea el tercer
sueño concéntrico del que uno despierta cuando se muere . . .

Je, je, yo podría escribir un libro, con todos mis sueños,
25   y los psicoanalistas harían su agosto.[1] Ellos dicen que los
sueños expresan nuestros deseos reprimidos. No siempre,
no siempre. Porque, por ejemplo, cuando falleció mi padre . . .
Yo, de luto riguroso,[2] recorría las habitaciones de mi casa.
Al llegar al dormitorio que había sido suyo, lo veía a él, a
30   él, allí, vivo, de pie, a él, que me miraba, que se acercaba,
que me interrogaba por las causas de mi luto. Yo, aterrado,

---

[1] **harían . . . agosto**   would have a field day
[2] **de . . . riguroso**   dressed completely in black (mourning clothes)

aterrado no por su aparición, no, porque en el sueño com-
prendía súbitamente que el que estuviese vivo era lo cierto,
lo real, lo verdadero, y que su muerte había sido un sueño,
aterrado por el horror de tener que confesarle que lo había
creído muerto, callaba. Pero él, advinándolo todo, me decía: 5
"¡ Tonto, tonto! A que[1] soñaste otra vez, ¿ eh? Soñaste que
yo me moría, te has vestido de luto y has clausurado mi
cuarto. ¡ Tonto, tonto!" Y yo, en el sueño, pensaba:
"Entonces, su enfermedad, su muerte, aquel espantoso
perfume de claveles, toda la noche, aquellos cirios, aquel   10
viaje hasta el cementerio, ¿ todo era un sueño? Entonces,
¿ no era verdad?" Al llegar a este punto despertaba, y
comprendiendo que no, que su muerte no era un sueño,
que el sueño había sido su resurrección, sentía casi un alivio,
un alivio que en seguida me llenaba de un nuevo pavor.   15
Pero a la noche siguiente volvía a soñar lo mismo, y así
durante noches y noches, hasta que el sueño, a fuerza de
repetirse, se hacía más poderoso que la realidad, porque
la muerte real de mi padre había sido una sola, pero sus
resurrecciones soñadas eran muchas, y al cabo de tanto   20
soñar me parecía que había soñado que se moría, pero que
él estaba vivo y que en cualquier momento aparecería a
preguntarme por qué andaba vestido de negro. Y un
vértigo, un vértigo de locura hacía vacilar mi razón como
una llama al viento. Y cada noche, antes de dormirme, le   25
rogaba a Dios que no me enviara más aquel sueño obstinado
y terrible. Pero el sueño volvía.

—Pero a Rosaura la soñó despierto.

—¿ Rosaura? ¿ Quién es Rosaura? Ah, sí. Je, je. A
Rosaura la soñé despierto. Pero anoche no soñé. Anoche   30
cuando me trajeron aquí, me dormí y no soñé. Fue un sueño
largo y negro. Un sueño sin sueños. La primera vez, des-

[1] **A que** I'll bet

pués de tanto tiempo, que no soñé, la primera vez, como
si un agua negra hubiese lavado mi cerebro.

—Pero a mí me interesa Rosaura. Hábleme de Rosaura.

—Sí, Rosaura, Rosaura.

5   — A Rosaura la soñó de día.

—Sí, a Rosaura la soñé de día. El sueño de un imposible.
Otros sueñan que son millonarios. Yo soñé que una mujer
me amaba.

—¿ Y cuándo nació Rosaura?

10   —¿ Cuándo nació? ¿ Cuándo empezó aquella historia?
Un sábado a la tarde, en la mansión del viudo.

—Usted había ido allí a restaurar unos cuadros . . .

—Sí. Estaba restaurando el primero de todos. El
retrato de la muerta. Me encontraba solo, en una salita

15   de la planta baja. Había un silencio sepulcral. La muerta me
miraba desde el lienzo. Me miraba con unos ojos dulces,
claros, transparentes. Y me sonreía. Era hermosa. Pero lo
que más me gustaba de aquel rostro no era la belleza, sino
cierta expresión de serenidad, de calma. Yo pensaba:

20   "¿ Cómo una mujer así pudo casarse con ese hombre?"
Porque yo odiaba al viudo. El viudo me humillaba. Cada
vez que me dirigía la palabra levantaba insolentemente una
ceja, como si se sintiese perplejo de que yo me atreviera a
estar en su presencia.

25   —Entonces, en aquella salita . . .

— A usted le interesa Rosaura, ¿ eh? Je, je. Ya aparecerá Rosaura, ya aparecerá Rosaura. Yo me sentía
triste, me sentía triste como nunca, aquel sábado. Quizá
porque había visto, el día anterior, a una de las hijas de

30   la señora Milagros . . .

—¿ Sí? ¿ Qué había visto?

—Je, je, nada. Que se besaba con Hernández. Nada,
nada.

—Ah, con Hernández. ¿ Matilde, sería, la mayor de las tres?

—¿ Matilde? Sí, creo que sí, creo era Matilde. Pero a usted le interesa Rosaura. En la salita, mientras retocaba el retrato de la dama rubia, me puse a imaginar . . . ¿ Por qué no podía, también a mí, quererme una muchacha joven y hermosa? ¿ Por qué no podía enamorarse de mí con la misma espontaneidad, con la misma facilidad con que Matilde parecía haberse enamorado de Hernández? Sí, Hernández tenía veintisiete años. Sí, Hernández era buen mozo. Pero ¿ qué hay? ¿ Todas las mujeres sólo mirarán que un hombre sea buen mozo? ¿ Lo demás no cuenta? ¿ Qué esconde Hernández detrás de su linda cara? Frivolidad y estupidez. Y lo que yo tengo aquí, aquí adentro, en el corazón, ¿ no vale nada? Todos estos sentimientos, toda esta pureza, ¿ es despreciable, nadie la quiere? ¿ Por qué no podría ser que una mujer supiera descubrirme, así, tal como soy, tal como soy en mi espíritu?

—Todos hemos soñado, alguna vez, algún amor ideal.

—Sí, pero no como yo, no como yo. Yo soñé demasiado, como se lo dije antes. Yo soñé hasta el punto de hacer que mi sueño penetrara en la realidad. Fue una absorción total de mis sentidos. Soñé a Rosaura en cuerpo y en alma. La tuve viva, viva, delante de mí, con su rostro, su mirada, sus gestos, su voz. ¿ Quién sería Rosaura? La hija de la dama del retrato. ¿ Y cómo sería? Sería, ella también, rubia, también ella dulce, serena, reposada. Y tímida, y afable, y bondadosa, y joven, y bella. ¿ Y cómo nos conoceríamos? Una tarde ella vendría a verme trabajar. ¿ Y qué me diría? ¿ Qué le diría yo? No, no le repetiré todo mi sueño. Usted ya lo conoce, ¿ eh? Se lo contó la señora Milagros. Ya lo sabe. La historia de Rosaura, toda la historia de nuestros encuentros, de nuestras conversaciones, de nuestro amor, es una invención mía. Rosaura no existió. Rosaura no vivió sino en mi mente. Pero en mi mente sí vivió. ¡ Ah, cómo la soñé, cuánto la soñé, con qué obsesión, con qué fiebre! La soñaba en mi taller, en la casa del viudo,

5 en la soledad de mi cuarto, en el café, en los tranvías, en los subterráneos, en la calle, en medio de la multitud, durante días, durante noches. A veces me parecía imposible que no viviera sino en mí. Me parecía que en cualquier momento el viudo iba a decirme: "Le voy a presentar a mi

10 hija. Se parece mucho a mi pobre esposa", y que entonces, por la puerta de la sala, ella se aparecería.

—Y usted le agregó, todavía, a su sueño, las cartas.

—Sí, las cartas. Elegí un papel de color rosa, bien femenino. Y las perfumé, además, para que no quedase

15 ninguna duda.

—Y aquella letra tan redonda, tan prolija . . .

—Je, je. Yo mismo me quedé asombrado al ver la facilidad con que podía simular una escritura que no era la mía.

20 —Y a las cartas añadió, luego, la trenza rubia.

—Sí, la trenza rubia. Las cartas eran mensajes que podían ser, y eran, fraguados.[1] Pero la trenza rubia no podía provenir sino de una mujer. La trenza rubia probaba la existencia de Rosaura mejor que las cartas. Y compré

25 la trenza rubia. Me acuerdo que las vendedoras, cuando les pedí aquel postizo, se reían. Sí, se me reían en la cara.

—Y a las cartas, y a la trenza rubia, les sumó el retrato al óleo.

—Je, je, sí, el retrato al óleo.

30 —Y con todo eso quedaba armado el escenario de su pequeña comedia.

—¿ Comedia? ¿ Por qué, comedia?

---

[1] **fraguados** concocted

—Porque las cartas y demás señales de Rosaura no estaban destinadas a usted, sino a los otros. Usted se las envió a sí mismo, pero de modo que los otros tuvieran que servir de intermediarios, y así se enterasen de la existencia de Rosaura. El mito de Rosaura tuvo un fin, un propósito práctico, no sé qué otra palabra emplear. Al inventarse su idilio con Rosaura, usted buscó, concretamente, algo.

—¿ Sí? ¿ Y ese algo fue . . .?

—Adquirir, delante de los otros, una personalidad que no poseía. No, digo mal,[1] discúlpeme. Lo que quiso fue descubrir, ante los demás, todos aquellos sentimientos, aquella pureza, que usted llevaba adentro, y que no había podido, hasta entonces, manifestarse.

—. . . . .[2]

—Y por eso usted, que los veía intrigados con aquellas cartas; usted, que notaba su creciente curiosidad, que soportaba sus indirectas, sus preguntas, sus bromas, siguió, no obstante, enviándose nuevos sobres rosas y perfumados. Rosas y perfumados "para que no quedase ninguna duda". Y en el octavo sobre no escribió su nombre, para que la señora Milagros pudiera abrirlo y leer la carta.

—. . . . .

—Y luego, a la noche, les contó toda la historia de Rosaura, mitad real, mitad fantástica. Las vio emocionadas, vio que la señora Milagros lagrimeaba,[3] pero usted se mantuvo firme. A cambio del afecto y del interés sincero que le demostraban, usted les entregó su invención de Rosaura.

—. . . . .

—Y todavía, más adelante, les trajo el retrato de

---

[1] **digo mal**   I don't mean that
[2] *The dots here indicate Camilo's silence. The inspector continues to speak.*
[3] **lagrimeaba**   was shedding tears

Rosaura. ¿ Un retrato también imaginario? ¿ O lo copió usted de aquel otro que restauró en la casa del viudo?

—.....

—Su farsa sería ridícula, y usted un loco o un cínico,
5   si faltase el propósito concreto, la utilidad de ese recurso elemental de atribuirse una aventura.

—Sí, señor. Usted lo ha adivinado. La fábula de Rosaura tuvo un fin. La inventé para quebrar la ley de la indiferencia.

10   —Y dígame: ¿ aquel retrato al óleo . . .?

—Ah, sí. Aquel retrato no figuraba en mis planes primitivos.

—¿ Y qué fue lo que lo decidió a darle a Rosaura hasta un rostro?

15   —Fue saber que dudaban de su juventud y de su belleza. Creían que ella era una solterona amojamada. Y entonces le hice a mi historia un pequeño agregado, aquella diablura de pintar, a escondidas de la tía, y para demorar, al mismo tiempo, el acabado del otro cuadro, un retratito de Rosaura,
20   en un bastidor de diez,[1] para mí, para guardarlo como recuerdo.

—Y usted, ¿ dónde lo pintó?

—En mi taller, a horas desusadas, cuando nadie pudiera sorprenderme.

25   —Y le dio, a Rosaura, claro, una fisonomía imaginaria.

—Le di, y no le miento, una fisonomía que yo creí inexistente.

—¿ Parecida a la dama rubia, muerta hace diez años?

—Sí, más o menos. Bastaba que Rosaura fuese rubia,
30   de ojos celestes y tuviera una expresión tímida y reconcentrada. Y eso fue lo que pinté.

—Y les llevó el retrato. A ellas, a la señora Milagros

---

[1] **bastidor . . . diez**   ten (centimeter) frame

y a sus hijas. Porque los demás, usted no quería que lo
viesen.

—No, no. Pero no me importaba.

—A usted le importaba que lo viesen ellas cuatro, que
eran las que sospechaban que Rosaura fuese una solterona.   5

—Sí, señor. Los otros, ¡ psch!

—Y de ellas cuatro, la que más le importaba era Matilde.

—¿ Matilde? ¿Por qué Matilde?

—Sí. Porque Rosaura nació para Matilde.

—¿ Por qué cree usted . . .? ¿ Quién le ha dicho?   10

—No es difícil adivinarlo.

—Oh, señor, si Matilde apenas tiene veinticinco años . . .

—Es la edad de Rosaura.

—. . . y yo cerca de cuarenta. Pero Rosaura era una
ficción. En cambio Matilde . . .   15

—¿ Y hace mucho que la quiere? ¿ Cuándo se dio
cuenta de que la quería?

—Si la he conocido desde que ella era una niña . . .
¡ Cómo, yo . . .!

—Ella también lo quiere.   20

—¿ Ella? ¿ A mí? ¡ Oh, no, señor, no, no!

—¡ La hubiera visto llorar, esta mañana, aquí!

—¿ Lloraba? ¿ Lloraba, ella, ella, Matilde? ¿ Lloraba
Matilde ella, tan fuerte, tan serena, ella, *mi* Matilde? ¿ Y
lloraba por mí?   25

—Lloraba por usted.

—¡ Oh, señor, tenga usted piedad! Lloraría al enterarse
de lo que yo había hecho, como lloraría por cualquier otro
huésped . . .

—Sí, pero lo que dijo . . .   30

—¿ Qué dijo? ¿ Qué dijo?

—¿ Cuándo se dio cuenta de que la quería? ¿ Cuándo
la vio besarse con Hernández?

—¿ Qué dijo? ¿ Qué dijo?

—Ella tampoco sabía que lo quería, ¿ eh? Habían vivido ustedes en la misma casa, durante tantos años, como dos hermanos ... Y de pronto, un día, usted la vio que se
5 besaba con un hombre, vio que ella no era una hermana, era una mujer; sintió una repentina rabia y cayó en la cuenta de que la quería.

—¿ Pero ella, señor, ella ...?

—¿ No cree que Rosaura, para ella, significó lo mismo
10 que para usted verla besar a Hernández?

—Oh, señor, pero entonces ..., pero entonces Rosaura ...

—La señora Milagros me contó que no había forma de convencer a Matilde de que Rosaura fuese joven y
15 hermosa. Y cuando usted le puso delante el retrato, a pesar de que veía allí la imagen de una muchacha bellísima, insistió en que Rosaura era sólo linda y que a ella no le gustaba. Y después anduvo siempre malhumorada, y por cualquier cosa reñía con la madre o con las hermanas.

20 —Pero usted dice que esta mañana ...

Finalmente, usted representó el último acto de su pequeña comedia. El acto·de la separación, del alejamiento, del desvanecimiento y del sacrificio de Rosaura.

—Usted me dijo que esta mañana ... Sí, señor. El
25 último acto. Mi farsa no podía prolongarse más. Yo había dejado de concurrir a la casa del viudo, pero los lunes a la tarde cerraba por dos horas el taller e iba a esconderme en cualquier parte, porque si alguno de *La Madrileña* caía por allí y me encontraba trabajando, imagínese. No,
30 no, mi idilio debía terminar. Porque a veces aquel loco sueño me asustaba. ¿ Y si alguien sospecha algo? ¿ Si, por un azar, alguien pone al descubierto la verdadera naturaleza de Rosaura? ¡Ah, qué vergüenza, entonces!

Y sí, sí, alguien parecía sospechar. Un muchacho, un estudiante ...

—¿Réguel?

—Sí, señor. Réguel. Me vigilaba constantemente. Levantaba yo la vista, y me encontraba con su mirada, 5 una mirada científica, despiadada, que me examinaba como desde un microscopio. No. Rosaura debía desaparecer, debía esfumarse en la nada.

—Y se envió la última carta rosa.

—Sí, señor. Y con eso quedaba liquidado, creía yo, el 10 *affaire* Rosaura.

—Claro que los demás se tomaron en serio, naturalmente, aquella ruptura.

—Sí, y querían que yo volviese a la casa del viudo, querían que fuera allá a pelear por Rosaura, a salvarla. 15

—E incluso se ofrecieron a acompañarlo.

—Sí, señor. Y yo debí simular que me enojaba, que rechazaba sus buenos oficios, tan sinceros. Me vi obligado a esa farsa cruel de ofenderlas, a hacerme el triste, el loco.

—Entonces, una noche, Réguel le anunció haber visto 20 a una muchacha que tenía el rostro imaginario de Rosaura.

—Sí, je, je. Réguel. El rostro inexistente de Rosaura.

—Un rostro que usted pintó extrayéndolo de su fantasía.

—Un rostro que yo creí tan irrecuperable como el rostro de la dama rubia que había muerto de cáncer hacía 25 diez años.

—Y usted ¿qué pensó, ante aquello que le decía Réguel?

—Nada, señor, nada. Me levanté y me fui a mi cuarto, me senté en la cama, y estuve allí, qué se yo, horas y horas, inmóvil, inerte, laxo. Sí, algo pensaba. ¿Sabe lo que 30 pensaba? Repetía, mecánicamente, estúpidamente: "Papá está vivo. He soñado que se moría. Pero vive, vive, vive. Un día lo veré en la calle, o aparecerá en el taller, y se

pondrá a trabajar en su mesa, y yo no sabré qué decirle, no sabré cómo explicarle que, durante doce años, he estado soñando que él estaba muerto". Vea usted, señor. Era aquel antiguo vértigo, aquella locura que me acometió después de
5   su muerte, cuando soñaba cada noche que su muerte había sido un sueño, y que estaba vivo, y me reprochaba mi sueño como si, vivo, me reprochase haber querido matarlo.

—Hasta que, varias noches más tarde, la muchacha con el rostro imaginario de Rosaura apareció en *La Madri-*
10   *leña* y preguntó por usted.

—No sé, señor, no sé. Lo que ocurrió a partir de aquella noche yo lo ignoro. Lo último que recuerdo es un grito de la señora Milagros: ¡"Rosaura!", y luego, no sé, no sé, ruidos, voces, pasos ... ¿ Dónde estaba yo? Yo no me sentía
15   a mí mismo. Los nervios se afinaban, se convertían en hilos delgaditos, se rompían, desaparecían, y sólo me quedaba la cabeza, latiéndome, la cabeza, ardiéndome. Y el rostro de Rosaura, que se acercaba. El rostro de Rosaura, que se agrandaba, que crecía, que caía sobre mí. Pero si es un sueño,
20   je, je. Es un sueño. Yo soy Camilo Canegato. Y Rosaura es un sueño. ¡ Rosaura, desaparece! ¡ Rosaura, vete! Y Rosaura permanecía, Rosaura prevalecía, Rosaura atravesaba los días, las noches, los gritos, los llantos, las voces, los llamados. ¿ Cuánto tiempo había pasado desde que la
25   señora Milagros se puso de pie, derribó la silla y gritó: "¡ Rosaura!"? Siglos, siglos. Y Rosaura intacta, Rosaura eterna. Ahora estábamos en un corredor largo, largo, negro. El corredor tomaba la forma de un automóvil. En el extremo del automóvil había un hombre con gorra azul
30   y me daba la espalda. Y a mi lado estaba Rosaura. Y Rosaura se sonreía. Yo quería hablar, quería hablar. Desenredaba trabajosamente mi lengua de su nudo intrincado. Abría los labios. Hacía un tremendo esfuerzo para

abrirlos, como si fueran las puertas de hierro de un castillo. Y decía: —¿ "Adónde vamos?" Rosaura contestaba: —"Al Hotel *Wien*". Y yo me agitaba, en medio del desorden, me agitaba dolorosamente, y gemía: —"No, no, no". El hombre de la gorra azul se daba vuelta y gritaba desde 5 lejos: —"¿ Quiere ir a algún otro hotel? ¿ No le gusta el *Wien*?" Yo decía: —"A otro, a otro". Y Rosaura decía: —"Llévenos a cualquier otro que esté cerca de Retiro". Subíamos. Subíamos por una escalerilla de madera. Arriba había otro hombre, un hombre con la cara cosida como un 10 trapo.[1] El hombre me ofrecía una habitación. El hombre me hacía firmar en un libro. El hombre me pedía documentos. El hombre miraba la cédula de Rosaura y miraba a Rosaura, y otra vez la cédula y otra vez a Rosaura. Y nuevamente un corredor larguísimo, y luego una gran luz. Estábamos solos. 15 Rosaura se rio y dijo: —"Le escribiré a mi tía para que venga a vivir con nosotros. Y esta vez no me robarás la carta, como la otra". Entonces Rosaura empezó a reirse, reirse a carcajadas, locamente, y a decir: —"¿ Preferirías tener aquí a Matilde, ¿ eh? Preferirías que Matilde estuviese 20 en mí lugar, ¿ eh?". Y se reía, se reía, se reía. Y yo pensé: "¿ Acaso no puedo poner fin a esa risa? ¿ No es la risa de Rosaura? Y Rosaura, ¿ no es una invención mía? ¿ No es, toda ella, hechura de mis sueños? Luego, su risa es también hechura de mis sueños. Y yo podré hacerla cesar". Y me 25 abalancé sobre su risa, quise destruirlo todo, porque todo era obra mía. Ah, pero cuando oprimí aquella garganta, sentí algo horrible. Un relámpago de lucidez estalló en mi cabeza. Y desperté. Y retrocedí. Y miré.

—La mujer estaba muerta.

—Pero no, señor. Siento desengañarlo. Al despertar, no 30 estaba el cadáver en la cama. La mujer aún vivía.

[1] **cosida ... trapo**   stitched up like an old rag

—¿ Vivía? ¿ Cómo sabe que vivía?

—En su cuello vi las marcas de mis dedos, pero ella vivía. Respiraba convulsivamente y me miraba con terror, y en una actitud instintiva y pueril de defensa levantaba

5 hacia su rostro, con ambas manos, las colchas revueltas de la cama en la que estaba acostada.

—Y entonces, ¿ usted qué hizo?

—Salí.

—De modo que cuando usted abandonó la habitación,

10 la mujer vivía.

—Sí, señor. Le doy mi palabra de honor.

—Pero al volver un rato después, con Réguel y el policía, estaba muerta.

—Muerta, sí.

15 —Estrangulada, precisamente.

—Sí, señor, estrangulada.

—Así que, según usted, otra persona debió de colocar sus dedos sobre las marcas que usted había dejado en el cuello de la mujer y apretar un poco más que

20 usted.

—Sí, es posible, sí.

—Y eso debió de hacerlo entre el momento en que usted salió del cuarto del hotel y el momento en que regresó con Réguel y el agente.

25 —Sí, ahora que pienso, en ese intervalo debió de ser, sí. Porque de algo estoy plenamente seguro, y es de que yo no la maté. Respiraba, señor, respiraba y me miraba. Y hasta me habló, sí, ahora recuerdo. Recuerdo que murmuró, con una voz que parecía no pertenecerle: —"¡ Has

30 querido matarme!"

—Y cuando usted salió de la habitación, ¿ vio a alguien, en el corredor?

—¿ Cuando salí? Sí, sí, recuerdo que abrí la puerta y

me di de bruces con un hombre, un hombre que estaba allí
parado, como escuchando o espiándonos.

—¿Quién era ese hombre?

—Era el mismo que, yo no podía precisar cuándo, hacía
mucho tiempo, me había hecho firmar en un libro y había   5
examinado la cédula de Rosaura con tanto interés.

—El dueño del hotel.

—Sí, creo que es el dueño. El agente de policía, más
tarde, lo llamó "Turco". Tiene la cara llena de cicatrices.

—Y ese hombre, cuando usted salió, ¿qué hizo?   10

—Nada, señor. Se apartó y me dejó pasar.

—¿Estaba solo?

—Me parece que sí, señor.

—¿No había nadie más en el pasillo?

—No, en el pasillo no. Pero cuando llegué al vestíbulo,   15
y me detuve un momento, titubeando, buscando la salida,
porque en realidad yo no sabía dónde me encontraba, vi,
fugazmente, que un muchacho alto, vestido con una camisa
amarilla, retrocedía y se metía en una habitación y cerraba
una puerta, como si se escondiese de mí. Pero yo no lo   20
conocía, yo no sabía quién era, yo no me fijaba en él. Yo
sólo quería huir, huir, huir. Vi una escalera y descendí por
ella, atropelladamente. Sentí en la cara el aire fresco de la
noche. Y al llegar a la puerta, al poner el pie en la vereda,
David Réguel saltó sobre mí.   25

IV

EXTRACTO DE LA DECLARACIÓN ESPONTÁNEA
Y (SEGÚN LA PROPIA DECLARANTE) CONFI-
DENCIAL DE LA SEÑORITA EUFRASIA MORALES.

UNO

ANTES QUE NADA, LA SEÑORITA EUFRASIA DEJA EN claro que sus juicios personales respecto a Camilo Canegato, la difunta Rosaura, la señora Milagros, las tres hijas de la señora Milagros, el señor David Réguel, el señor Júpiter Coretti, el señor Hernández, el señor Gaviña —la humanidad— son francamente desfavorables, por no decir absolutamente condenatorios.

La señorita Eufrasia dice que en los sucesos que culminaron en la ominosa muerte de Rosaura actuó un personaje hasta ahora escondido, como quien dice, entre bastidores,[1] y que es necesario y conveniente hacer que salga a escena, porque ese personaje guarda, o, en fin, es posible que guarde, un objeto, y que este objeto sea de capital importancia para el buen éxito de la investigación que realizan, tan brillantemente, los señores policías.

La señorita Eufrasia se refiere a la mucama de *La Madrileña*.

La mucama de *La Madrileña* es una moza provinciana, de alrededor de cuarenta años, coja del pie izquierdo, un poco sorda y, sin duda a consecuencia de lo mismo, muy callada. Esto es, no habla sino cuando se la interroga. Su rostro, dice la señorita Eufrasia, tiene la expresividad

---

[1] **como ... bastidores** as they say, behind the scenes

147

148   *Marco Denevi*

de una piedra sin tallar. Va y viene por las habitaciones como
una mole, como un robot, como un gran animal al que
guiase únicamente el hábito o el instinto de pasar un plumero
por los muebles y servir los platos en la mesa. Se llama Elsa.

5   Trabaja en *La Madrileña* desde hace varios años. A lo
largo de esos años Elsa ha amado a Camilo Canegato con
veneración, fanatismo y —si la expresión le es permitida a
la señorita Eufrasia—absoluto anonimato.[1] Nadie reparó
en ello, salvo la señorita Eufrasia. El amor de Elsa no se

10   expresó sino a través de las únicas manifestaciones asequibles[2] a una extraña y solitaria criatura de su especie:
en la delectación con que limpiaba y arreglaba el cuarto de
Camilo, y en la generosidad con que, en la mesa, servía los
platos a él destinados (con grave perjuicio para los platos de

15   los demás huéspedes, particularmente para los de la señorita
Eufrasia). Ambas muestras de predilección no pasaron inad-
vertidas a los ojos (y al estómago) de la señorita Eufrasia.

Cuando se supo, o se sospechó, que él andaba en amores,
las dos muestras de predilección desaparecieron instantánea-

20   mente. Incluso la señorita Eufrasia recuerda que cuando
llegó aquella carta de Rosaura sin el nombre del destinatario
y el tierno idilio se hizo público, Elsa, a la noche, durante
la cena, derramó de propósito un poco de sopa hirviente
sobre Camilo. Los otros creyeron en un percance fortuito[3]

25   pero la señorita Eufrasia vio el brazo de Némesis[4] que
inclinaba la sopera sobre el pecho del ingrato.

Desde que Rosaura se sumó a la población estable de
La Madrileña, Elsa transformóse en la espía constante y
silenciosa de todos sus movimientos. Nadie reparó en ello,

---

[1] **absoluto anonimato**   complete anonymity
[2] **asequibles**   available
[3] **creyeron ... fortuito**   believed it to be a chance occurrence
[4] **Némesis**   *the Greek mythological goddess of vengeance*

salvo la señorita Eufrasia. Su rostro seguía impávido.[1] A lo que se negó, obstinadamente, fué a limpiar la habitación de la rival. La señora Milagros, según dijo, "no sabía qué le pasaba a aquella cuitada". La señorita Eufrasia sí lo sabía.

La tarde en que ocurrió aquel terrible, extraño y vergon- 5
zoso incidente entre Camilo Canegato y David Réguel en la propia habitación de Rosaura . . . (Que fue terrible, que fue extraño, que fue vergonzoso, la señorita Eufrasia lo sabe mejor que nadie.) La señorita Eufrasia va a explicar cómo lo sabe. Aquella tarde, la señorita Eufrasia encontrá- 10
base[2] en su cuarto, tejiendo junto a la ventana. De pronto, algo se oscureció y se movió afuera, en el patio, al sol. La señorita Eufrasia dejó de tejer. Al cabo de un minuto la señorita Eufrasia oyó que la puerta del cuarto contiguo al suyo, y que es el que ocupaba entonces Rosaura, se abría 15
y se cerraba. La señorita Eufrasia sintió un repentino can-
sancio y se acostó. La cama de la señorita Eufrasia está colocada junto a la pared que separa su habitación de la que fue de Rosaura. Al acostarse, la señorita Eufrasia no pudo evitar que su cabeza rozase dicha pared. En un primer 20
momento no oyó nada. Después alcanzó a percibir las voces de dos personas que conversaban quedamente en el cuarto de al lado. Aunque asordinadas,[3] las voces fueron reconoci-
das por la señorita Eufrasia como pertenecientes a Rosaura y Camilo. Durante un rato la señorita Eufrasia no escuchó 25
sino como un jadeo, un jadeo doble, intermitente, agitado, fuertemente respirado. "Más que una conversación, parece una disputa", pensó la señorita Eufrasia. El murmullo creció apenas. Pero la señorita Eufrasia no entendía una sola palabra.

De pronto, Rosaura levantó imperceptiblemente la voz. 30

---

[1] **impávido**   calm
[2] **encontrábase**   *See note 2, p. 49.*
[3] **asordinadas**   muffled

Para la señorita Eufrasia fue suficiente. La señorita Eufrasia oyó palabras. Oyó "mi", "nunca", "porque". Luego, dos frases enteras: "Tendrías que estarme agradecido. Después de todo, te hice quedar bien." Camilo contestaba algo, pero el maldito, o hablaba muy bajo, o estaba más alejado que Rosaura, porque la señorita Eufrasia no escuchó sino el jadeo de antes. Y otra vez Rosaura: "Si me voy, ¿qué van a pensar aquí?" ¿Si me voy? ¿Qué significaba esto? La señorita Eufrasia se sintió emocionada. Lo que, en el silencio perfecto que entonces se hizo, oyó la señorita Eufrasia, es cosa que aún hoy no sabe si fue un engaño de sus sentidos, o si lo escuchó realmente. La señorita Eufrasia se limita a transcribir el horroroso, el increíble, el imposible diálogo. Rosaura farfullaba: "Para que me vaya vas a tener que darme todo lo que tenés[1] en el banco. Ni por un peso menos me voy de aquí." Camilo, en un tono suplicante, gemía: "¡No, por favor, ahora mismo, ahora mismo! ¡Inventaremos un pretexto cualquiera, pero váyase, váyase!" Y nuevamente Rosaura, una Rosaura sarcástica, colérica, desconocida: "Está bien. Pero antes salgo y les cuento la verdad a todos, a tu linda Matilde, especialmente, porque no vayas a creer que no sé . . ." Entonces Camilo levantaba la voz, pero la levantaba, ¡Dios mío!, para mascullar un insulto tan terrible, que la señorita Eufrasia se niega terminantemente a repetirlo, aunque el otro lo repitió varias veces, y con todas sus letras. En ese momento oyó un estrépito espantoso, oyó a David Réguel que vociferaba: "Atorrante, miserable, te voy a romper la cara"; oyó a Rosaura que lloraba ruidosamente; oyó pasos en la galería;

---

[1] **tenés = tienes** (*This is the present tense form for the subject pronoun "vos" which in Argentine speech commonly replaces "tú." It is the Spanish "vosotros" present tense form—for example, "tenéis"—with the "i" dropped and the last syllable stress retained.*)

vio varias sombras que cruzaban a la carrera frente a la
ventana de su cuarto. La señorita Eufrasia se levantó de la
cama, abrió la puerta y salió. Todo el mundo corría hacia
la habitación de Rosaura.

La señorita Eufrasia decía que esa tarde, Elsa acudió   5
también al cuarto de Rosaura y presenció cómo Rosaura
lloraba, cómo la señora Milagros interrogaba a los protagonistas del episodio, cómo Camilo Canegato se iba sin decir
palabra y David Réguel ensayaba una explicación que no
explicaba nada, cómo la señora Milagros decía: "Señores,   10
aquí no ha pasado nada, así que vuelvan a sus cuartos", y
se llevaba a Rosaura hasta el comedor para hacerle tomar
una copa. La interesante reunión quedó disuelta. Los
huéspedes, en vista de que no había para más,[1] se fueron
metiendo en sus respectivas habitaciones, salvo David   15
Réguel, que se paseaba por el patio hablando solo y haciendo
ademanes. Pero Elsa no había vuelto al altillo de los fondos,[2]
donde duerme. Cuando la señorita Eufrasia se introdujo en
su cuarto, alcanzó a verla merodeando[3] por la galería,
cerca de la habitación de Rosaura. La señorita Eufrasia   20
esperó un minuto, dos minutos, tres minutos. La sombra
renqueante[4] no pasaba frente a su ventana. Entonces la
señorita Eufrasia no esperó más. Tomó una estera del suelo
y salió a sacudirla. En la galería no había nadie, pero la
puerta del cuarto de Rosaura, estaba entreabierta. La   25
señorita Eufrasia se volvió de espaldas y se puso a sacudir
la estera. A los pocos instantes la puerta entreabierta se
abría del todo, y Elsa salía sigilosamente del cuarto de
la rival. La señorita Eufrasia seguía de espaldas y sacudiendo

---

[1] **en ... más**   since there was nothing else going on
[2] **altillo ... fondos**   upstairs back room
[3] **merodeando**   wandering, "snooping"
[4] **renqueante**   limping

la esterilla. La sirvienta pasó velozmente detrás de la
señorita Eufrasia y se perdió en los fondos de la galería.
Entonces la señorita Eufrasia dejó de fijar la vista en el
borde de uno de los cristales de sus lentes (que pueden
5   servir de espejo retroscópico a quien sabe usarlos para ese
fin) y se introdujo nuevamente en su habitación.
No acababa de hacerlo, cuando una sombra obliteró
durante un segundo su ventana. Al mismo tiempo la señorita
Eufrasia percibió un olor a cosméticos baratos. Era Ro-
10 saura, que volvía del comedor. La señorita Eufrasia oyó
que su vecina cerraba la puerta de su cuarto. Después la
oyó que abría y cerraba cajones, movía sillas, revolvía
muebles. ¿Qué pasaba ahora? La señorita Eufrasia no
sabía qué hacer. Sentíase como un león en la jaula. No sabía
15 si salir a sacudir otra vez la estera, o acostarse y reanudar
la interrumpida siesta, o ponerse a admirar el paisaje a
través de la ventana. Se decidió por esto último. Pero el
paisaje, durante una hora, fue tan monótono, que la señorita
Eufrasia se quedó dormida en su silla, la cabeza apoyada
20 en la ventana y los brazos cruzados sobre la falda. Cuando
despertó, eran las cinco de la tarde.
No obstante, despertó a tiempo para presenciar el último
de los extraños sucesos de aquel día. Y fue ver a Rosaura
que enfrentaba a su novio en un rincón del patio, a Rosaura
25 que exigía a Camilo la devolución de una carta que ella había
estado escribiendo en su pieza y que había desaparecido
del cajón de la mesita de luz, a Rosaura que decía a media
voz: "¡Mirá[1] que puede caer en manos de cualquiera!"
Camilo miraba a Rosaura con ojos extraviados, se sonreía
30 con una sonrisa de idiota, murmuraba: "No hay más cartas,
no hay más cartas de Rosaura" y se alejaba. Rosaura se
encogía de hombros y se metía en su cuarto.

[1] **¡Mirá!** Look! (*See note* 3, *p.* 120.)

La señorita Eufrasia relacionó esta escena con la que unas horas antes había visto reflejada en sus lentes, y llegó a la conclusión de que quien pudo despojar a Rosaura de la carta no era Camilo como creía Rosaura, sino Elsa, y que lo hizo en las circunstancias anotadas. 5

Aún más: la señorita Eufrasia ignora, desde luego, qué decía la tal carta y a quién iba dirigida, pero de lo que está segura es de que contenía (o contiene, si la ladrona no la destruyó) revelaciones, confesiones o datos de sumo interés. Lo deduce tanto de las palabras de Rosaura 10 ("¡Mirá que puede caer en manos de cualquiera!"), cuanto[1] de las extrañas mutaciones que, a partir de aquel famoso sábado, observó en el carácter y en las costumbres de Elsa.

Poco tiempo después Elsa, contra todo precedente, pidió a su patrona un día libre. El día libre le fue concedido 15 y lo pasó no se sabe dónde. (La señorita Eufrasia cree que debe de haber ido a Luján,[2] porque a la mañana siguiente halló en el tacho de basura un boleto para aquella ciudad, de segunda clase y con fecha del día anterior.) Regresó muy tarde, cansada y de pésimo humor. 20

Ayer, día de las bodas de Rosaura y Camilo, en momentos en que los novios y los padrinos partían hacia el Registro Civil a firmar el acta nupcial, la señorita Eufrasia sorprendió a Elsa llorando terriblemente en la cocina.

Y con esto termina la declaración de la señorita Eufrasia. 25 La señorita Eufrasia dice, levantando el dedo como una sibila:[3] "La piedra desechada[4] por los arquitectos puede ser la clave del ángulo."[5]

---

[1] **cuanto**   as
[2] **Luján** · *a suburban cathedral city to the west of Buenos Aires*
[3] **sibila**   prophetess
[4] **desechada**   cast off
[5] **clave ... ángulo**   keystone

V

APREMIADA[1] POR LAS CIRCUNSTANCIAS —ES UNA
manera de decir—, Elsa Gatica, con dignidad y en silencio,
condujo al inspector Julián Baigorri hasta su dormitorio,
hasta el último cajón de una cómoda, hasta un sucio libro
escondido en el cajón bajo una pila de ropa, hasta un sobre
viejo y arrugado escondido entre las páginas del libro, hasta
tres hojas de papel escondidas en el sobre.

En esas hojas está escrita una desmesurada[2] carta. La
letra es pequeña y desmañada[3] y, según el testimonio de
varias personas, no guarda ninguna analogía o semejanza
con la que lucían las perfumadas epístolas de Rosaura. Al
promediar el tercer pliego[4] la escritura parece haber sido
abandonada o bruscamente interrumpida.

En manos de Elsa Gatica la carta exculpa[5] la perplejidad[6]
de su poseedora, su inútil peregrinación a Luján en busca
de la señora Rosa Chinca, sus intentos de salvar al prisionero
de Rosaura. En manos de Julián Baigorri la carta justifica
que el señor Camilo Canegato ceda su parte en el proceso,
la previsible condena[7] por homicidio en la persona de Marta
Córrega (o María Correa), la conjeturable perpetuidad de la
prisión[8] a los señores Sarkis Abulaf, alias El Turco Estropeado,
dueño del hotel *La Media Luna*, y Alicio Pereyra, alias
Ministro, su ayudante.

[1] **Apremiada** Compelled
[2] **desmesurada** lengthy
[3] **desmañada** clumsy
[4] **Al . . . pliego** At the middle of the third page . . .
[5] **exculpa** satisfactorily explains
[6] **perplejidad** hesitation
[7] **ceda . . . condena** yield his role in the criminal
    proceedings, the foreseeable sentence
[8] **la . . . prisión** the possible life imprisonment

UNO

He aquí[1] el fragmento:

Señora
Rosa Chinca
Luján

Estimada tía: 5
    Tomo la pluma, para desearle que al recibo de la presente[2] se halle gosando[3] de salud. Extrañará que así de sopetón y a la vuelta de tantos sucedidos[4] le mande la presente. Pero mis rasones tengo y no de las que U.d. imagina. Porque U.d. a estas horas estará pensando: 10
salió de la gayola,[5] anda en la mala,[6] y me escribe.
    En lo primero acertó. Salí de la gayola. Cinco años

---

[1] **He aquí** Here is

[2] **la presente** this letter

[3] **gosando = gozando** (*The author of this letter makes a number of errors in spelling and in the random placement of written accents that suggest that she was a girl of limited education. The "s" for "z" confusion occurs in the concluding pages in these words:* **gozar, razón, hizo, pieza, amenazar, empezar, pedazo, cruzar, vez, Plaza,** *and* **comienza.**)

[4] **Extrañará ... sucedidos** You'll find it strange that suddenly now, after so much has happened

[5] **gayola** jail

[6] **anda ... mala** is having a hard time

justitos,[1] con sus dias y sus noches y todos sus feriados.[2]
Entré de veintitrés y salí vieja. No me dieron la libertad
condicional porque dicen que adentro no me porté bien.
Pero el que hace cuatro puede hacer cinco, y al final una
5 se acostumbra. Al final, porque al principio me costó mis
lágrimas.

Como le decia, acertó en que estoy libre. Pero en que
ando en la mala, no. Ahora no. Al contrario, tia, al contrario.
La historia es algo larga, así que si pretendo que me entienda
10 tendré que empesar por el principio.

Sucedió que cuando me vi libre y en la calle, comprobé
que estaba peor afuera que adentro. Calcule,[3] sin un
centavo, sin ropa, sin casa. Fui por nuestro departamento.
Pero la bruja de la portera no me dejó pasar. Me amenasó
15 con llamar a la policía si la molestaba. Hui. Por la vecindad
me enteraron que habia hecho correr la bolilla[4] de que yo
me habia enfermado, me habian llevado a un hospital y
que me había muerto. Como lo mío[5] no pasó en casa ni
salió en los diarios, hubo quien lo creyó. Me vieron aparecer
20 como a un fantasma. Los dejé en la crencia[6] de mi enfermedad, y solo rectifiqué lo de la muerte. Anemia, les dije, pero
ahora estoy bien. De U.d. nadie supo darme noticias, sino
que como habia desaparecido del barrio junto conmigo,
maliciaron[7] que me habria acompañado al hospital y
25 despues de yo finada se habria vuelto a la Provincia.

Busqué alguna amiga, la Chela, del Pigal, la Mary.
Ninguna vivia más donde las habia dejado. Fuí a la casa del

---

[1] **justitos**   exactly
[2] **feriados**   holidays
[3] **Calcule**   Imagine it
[4] **había . . . bolilla**   she had started the story circulating . . .
[5] **lo mío**   the business about me (having been sent to jail)
[6] **crencia = creencia**   (belief)
[7] **maliciaron**   they suspected

Chileno, pero en el almacén de la esquina me enteré que
hace tres años lo apuñalearon[1] en un velorio y ahora gosa
de mejor vida. Vagué de un lado a otro, un rato largo.
Ninguna persona amiga, ninguna cara conocida, como si
los cinco años a la sombra me hubieran llevado a otro país.   5
Vino la noche y yo siempre caminando. Senti hambre, frio,
miedo, que se yo. Llegué al bajo. El nombre del *Palacio
Marinero* me trajo el recuerdo de la Iris. Esa no debe
haberse mudado, pensé. Claro que era rebajarme[2] demasiado.
Pero que quiere, en mi situación, no estaba para escrupulos.   10
Asi que me decidí a ir a verla. Caminé como cuarenta
cuadras, pero la encontré. Me recibió con muchos aspavientos,[3] y mucha alegria de volver a verme, y mucho querida
de aquí y de allá.[4] Una fiesta, me hiso, como para recibir a
una reina. Yo no le creia ni la mitad de lo que babeaba.[5]   15
Si la conoceré yo.[6] La encontré mas gorda. Y rubia. Figu-
resé. Está en plena decadencia, y rabiosa por eso. Y yo,
con ser quien soy, (o quien fui), yo, con mis prendas, mi
figura y mi sexto grado aprobado, tener que pedirle
limosna[7] a esa basura.   20

Terminó ofreciendomé una piecita al fondo de su casa,
porque en adelante, dijo, ibamos a vivir juntas, como dos
hermanas, porque ella me ayudaría y no me haria faltar
ni un techo ni un pedaso de pan. Le pregunté por U.d.
La vieja está de cuidadora en una casa quinta[8] en Luján, dijo   25
(y me dió la dirección), pero no vayás a verla, porque no

[1] **lo apuñalearon**   he was stabbed
[2] **rebajarme**   lowering myself
[3] **aspavientos**   looks of wonder
[4] **querida . . . allá**   "darling" this and "darling" that
[5] **babeaba**   she was gushing
[6] **Si . . . yo.**   I know her.
[7] **pedirle limosna**   to beg
[8] **casa quinta**   country house

quiere saber nada con vos,[1] cuando tuvistes la desgracia, dijo
que no queria volver a verte ni entre cuatro velas. Me mordí los
labios para no responderle. Sé tener mi dignidad. Y me quedé.
Me quedé, pero alerta y durmiendo con un solo ojo,
5   dispuesta a levantar vuelo[2] en cuanto pudiese. Mal olor
le sentia ya a la generosidad de la Iris. Y no me equivoqué.
Primero todo marchó bien. Me facilitó unos pesos, me dió
ropa prestada y hasta me consiguió una nueva cedula de
identidad, donde de Maria Correa paso a llamarme Marta
10   Correga y tengo 25 años. La cedula la fabricó un amigo de
ella, el Turco Estropeado, del que enseguida voy a hablarle.
Volví a ser, casi, la de antes. Me arreglé el pelo, la cara, las
manos. Y cuando estuve linda mostró las intenciones. Una
noche, entre ella y dos tipos que la frecuentan me propu-
15   sieron la cosa. U.d. sabe, empupilarme.[3] Mire hasta donde
ha desendido[4] esa porqueria.[5] Parece que forman una banda
y que el jefe es el Turco que le mencioné. A este Turco no
tengo el gusto de conocerlo personalmente, porque nunca
apareció por la casa de la Iris. Alrededor de él todo era
20   miedo y misterio. La noche que le cuento empesarón con
buenas palabras. Pero cuando yo me negué, me amenasarón
con el Turco como si me amenasaran con la muerte, y
terminarón encerrandomé en mi piesa, bajo llave. Antes
de dejarme ahi, todavia uno de ellos, un tal Ministro, un
25   asqueroso[6] que es el sirviente de todos, me dió unos golpes,
como no le gustan las mujeres. Esa noche no pude dormir.

[1] **vos**   you (*This is the sign of the "voseo" form of speech, commonly used by the majority of Argentine speakers. The "vos" replaces "tú" and "ti", or in this case, "-tigo".*)

[2] **levantar vuelo**   to take off

[3] **empupilarme**   to become a pupil, *i.e.*, to go to work for them

[4] **desendido** = **descendido**

[5] **porquería**   scum

[6] **asqueroso**   disgusting character

Los oia chillar y reir, hasta la madrugada. Hasta que se hizo día y se callaron. No me traian de comer. Junté todas mis cosas y con un canutito,[1] como me habia enseñado el Chileno una ves, estuve una eternidad tratando de abrir la puerta. Al fin lo conseguí. Para ir desde mi cuarto hasta la 5 calle hay que crusar un patio y varias piesas. Avancé en puntas de pies, llena de miedo. Pero no se veia a nadie. Cerca de la salida está la piesa de la Iris. Y tenia la puerta abierta. Me asomé y espié. La Iris, media borracha, se levantaba torpemente de la cama. Estaba sola. Sola y 10 borracha ¿ me comprende, tía? Me abalancé sobre ella, que al oir ruido se dió vuelta. Me vio, puso cara de estupida e intentó meterse otra ves en la cama. Pero ya era tarde. La tiré al suelo y la pisotié[2] furiosamente, como lo que es, como una alimaña.[3] Y entretanto, le gritaba que sabia 15 quien era el Turco (mentira, no sabia nada), y que iba a denunciarlos a todos. Cuando me calmé, la Iris, tendida en el suelo, perdiendo sangre por la boca, parecia muerta. Revolví algunos cajones, busqué en los muebles, pero no encontré mas que un peso. Y antes de que viniera alguno, hui. 20

No se por donde anduve. Solo se que caminé mucho. Anochecia. Al fin, no sé cómo, llegué a Plasa Once y era de noche. Hacia frio. La gente se metia en los cafés, en las bocas del subterráneo.[4] Al ver la estación del tren,[5] me acordé de U.d. Tenia su dirección en la cartera, pero no 25 tenia dinero para comprar el boleto hasta Luján. Además, U.d. no quería volver a verme, según la Iris. Yo estaba sola. Sola en la ciudad, sola en el mundo. Me senté en un banco

[1] **canutito**   little tube
[2] **pisotié = pisoteé**   (stamped on)
[3] **alimaña**   animal
[4] **subterráneo**   subway
[5] *In Plaza Once there is also a railroad station—the Estación Once.*

Plaza Once. "Me miré en el espejito de la cartera ... me pinté los labios."

de la Plasa, en un rincón oscuro. Las carnes me temblaban
bajo la ropa. ¿ Que iba a ser de mi? Lloré, lloré mucho,
lloré como cuando, después de alguna fiesta, me ponia a
leer alguna novela triste, de amor, y lloraba toda la mañana
como una sonsa.

Y fue allí, tia, allí, sentada en un helado banco de
piedra, en la Plasa Once, cuando se me ocurrió de pronto,
cuando me saltó su nombre en medio de mis tristes pensamientos, cuando así, de golpe, me acordé de él. Casi grité
su nombre: Camilo Canegato.

Si, tia, Camilo Canegato, ¿se recuerda? aquel infelis
de la pensión *La Madrileña*, al que U.d. le planchó en un
tiempo los cuellos duros y que como andabamos en la
mala en esos momentos, U.d. le dió una foto mia (una foto
que yo ahora tengo delante convertida en un cuadro
pintado), lo atrajo al departamento y lo convenció de que
me visitase, y que yo acepté casi en broma, porque parecia
un chico. Se pegaba a mi costado como un caracol a una
piedra.

Y volvia a los ocho dias justos.[1] Después lo seguí
aguantando por la plata. Supe desvalijarlo.[2] Me visitó hasta
lo ultimo, quiero decir hasta que me ocurrió la desgracia.
Me imagino que habrá ido por el departamento, lo habrá
encontrado cerrado, habrá vuelto varias veces, hasta que
se habrá atrevido a preguntar por mi a la portera. Entonces
la bruja le habrá hecho como a todos el cuento de mi
enfermedad y de mi muerte. Le digo esto para que entienda
lo que sigue.

Como le decia, lo recordé de golpe. El me ayudaria,
no me negaria alguna protección, algunos pesos para irme
lejos, para volverme a mi Provincia. Me volvió el alma al

---

[1] **a . . . justos**   exactly a week later
[2] **Supe desvalijarlo.**   I knew how to get his money.

cuerpo con este solo pensamiento. Me miré en el espejito de la cartera, me empolvé[1] la cara, me pinté los labios. Por calles que me parecieron lindas, como en primavera, me fui para *La Madrileña*. Por el camino pensé que podia

5 haberse mudado, pero allá me facilitarian su nueva dirección. Pensé que podia haberse casado, pero me daba lo mismo.[2] Cuando llegué a la puerta de la pensión dudé un rato, todavia. Por fin me decidí. Hice sonar el timbre. La mucama salió a atenderme. Le pregunté si allí vivia el señor

10 Camilo Canegato. Y en eso un mundo de gente salió del interior de la casa y vino a mi encuentro, gritando, riendo y llamandomé Rosaura. Y aquí comiensa, tia, lo que deseaba contarle.

[1] **empolvé** powdered
[2] **me ... mismo** it was all the same to me

EJERCICIOS

EJERCICIOS

CUESTIONARIO – I – *Declaración de Milagros Ramoneda* –
Capítulo Uno

1. ¿ A quién se dirige la señora Perales en esta declaración?
2. ¿ Cómo era el hombre que llegó un día a *La Madrileña* a pedir cuarto con pensión?
3. ¿ Qué profesión ejercía Camilo Canegato?
4. ¿ Cuánto tiempo hacía que vivía en la hospedería?
5. ¿ Dónde había vivido Camilo antes?
6. ¿ Por qué llevaba Camilo corbata negra y un brazal de luto?
7. ¿ Qué guarantía de su solvencia le mostró a Milagros?
8. ¿ Quiénes eran los otros miembros de la familia de Milagros?
9. ¿ Qué clase de reglamento tenía Milagros para sus huéspedes?
10. ¿ Cómo reaccionaron todos al ver a Camilo?

CUESTIONARIO – I – *Capítulo Dos*

1. ¿ Cómo describe Milagros a su nuevo huésped?
2. ¿ Por qué se tomaba Camilo tantas píldoras y medicinas?
3. ¿ Qué otro remedio le sugirió Milagros a Camilo?
4. ¿ Por qué no tuvieron que posar para su cuadro Milagros y sus hijas?
5. ¿ Cómo trataban las hijas a Camilo?
6. ¿ Tenía Camilo mucha familia?

7. Según Milagros ¿ quién era "la única persona" que parecía saber que Camilo vivía en *La Madrileña*?

8. ¿ Qué tal le parecía a Camilo la idea de casarse algún día?

9. ¿ A quién tomó a su servicio Milagros cuando su hospedería se hizo célebre?

10. ¿ Cuál de las hijas de Milagros parecía tener carácter independiente? ¿ En dónde trabajaba?

CUESTIONARIO – I – *Capítulo Tres*

1. ¿ Cuánto tiempo hace que ocurrió "algo insólito"?
2. ¿ Qué trajo el cartero aquel día?
3. ¿ Quién fue el primero en examinar la carta perfumada?
4. ¿ Qué quería la señorita Eufrasia que hiciera Milagros?
5. ¿ Qué le contó Camilo a Milagros acerca de la carta?
6. ¿ Con qué frecuencia llegaban las cartas misteriosas?
7. ¿ Quién pensaba que Camilo andaba enredado con una aventurera?
8. ¿ Qué pensaban las hijas sobre esta sospecha?
9. ¿ A quién parecían afectar más las cartas? ¿ Cómo?
10. ¿ Cómo decubrió Milagros los secretos de las cartas?
11. ¿ Qué sospechaban las hijas acerca de la edad de Rosaura?
12. ¿ Qué días parecía que Camilo iba a verse con Rosaura?
13. Según una de las cartas, ¿ qué edad tenía Rosaura?
14. ¿ Qué regalo sentimental apareció un día entre los papeles rosa?
15. ¿ Quedaron convencidas las hijas de Milagros? ¿ Por qué?

REVIEW EXERCISES (pp. 3 to 39)

✓ A. MULTIPLE-TENSE VERB DRILL

Using the expressions in the right-hand column, give the Spanish for the English sentences listed directly opposite on the left.

1.a) The children always start crying   *ponerse a* when he leaves.

 b) Yesterday he began to examine the vocabulary.

2.a) He said that they turned their home into a boarding house.   *convertir(se) en*

 b) At that moment her love turned to hate.

3.a) Would you have chosen to stay, too?   *optar por*

 b) I doubt that she'll pick the rich fellow.

4.a) You'll end up working as much as before.   *terminar por*

 b) He ended up by doing it over again.

5.a) I didn't understand a word of what he was saying.   *no entender ni jota*

 b) Even if I told him, he wouldn't understand a thing.

6.a) Please don't make fun of her pronunciation.   *burlarse de*

 b) He spoke as if he were making fun of them.

7.a) They're about to leave for Buenos Aires.   *estar por*

 b) I thought he was on the point of admitting it.

8.a) Then one day she began to speak familiarly with him.   *tutearse*

 b) Don't they speak on intimate terms with one another yet?

9.a) It seems you don't realize what's happening.   *darse cuenta de*

 b) I finally realized what he meant.

10.a) Yesterday I did a little shopping.   *hacer unas compras*

 b) This afternoon we'll pick up a few things downtown.

B. DRILL ON NEW EXPRESSIONS

Translate the following sentences entirely into Spanish, selecting from the expressions on the right the one corresponding to the italicized English words on the left.

1. *So I finally* left without saying a thing.   *a solas*
2. For three years they wrote each other *secretly.*   *y pico*
3. Go out with him, *not on your life!*   *como si tal cosa*
4. His name was Walsh, *or something like that.*   *de modo que*
5. I knew that lesson *from A to Z.*   *ni por pienso*
6. She told me he was around forty *or so.*   *a escondidas*
7. *In keeping with* what he had promised, he didn't protest.   *casi casi*
8. He kept on walking, *as if nothing had happened.*   *de cabo a rabo*
9. She liked to be *alone* in the garden.   *de acuerdo con*
10. It seems to me that he *very nearly* believes it.   *por el estilo*

C. SENTENCE COMPLETION EXERCISE

Complete, in any way you see fit, the sentence fragments given below by selecting for each a suitable verb from among those listed in Exercise A, observing always the subject indicated here and placing the new verb in an appropriate tense or mood.

EXAMPLE:

Los dos se fueron cuando ella   ponerse a (from Exercise A)
      Completed sentence:
Los dos se fueron cuando ella se puso a cantar.

1. Si escasean huéspedes, ella
2. No cabe duda que él
3. El se hacía el sordo cuando yo
4. No tenemos más remedio que
5. Al cabo de tres meses, la madre

D. LITERARY TOPICS FOR DISCUSSION

1. How does the reader come to perceive the character of
Milagros? The author does not describe her. Does she reveal
herself well enough for you to feel that you know her—or
perhaps even feel that you know someone like her? How does the
author accomplish this? What does her repeated reference to
"mi honrada casa" suggest about her?

2. We see Camilo in this section only through Milagros'
eyes. May we assume that her first impressions of him given
here are accurate? Are they likely to change? Why? What does
a scene like that concerning Camilo's medicine bottles tell you
about both Camilo and Milagros? Do you feel that Camilo is
accurately represented to us by her? (This will prove to be a
vital point later on in the story.)

3. Milagros' statement is a very long first-person narrative
and, as such, is a very difficult form for an author to sustain
successfully. How does Denevi maintain a fast pace in this account
and keep Milagros' statement colorful and interesting? Mention
at least three techniques.

4. On page 33 Milagros states: "El [señor Camilo Canegato]
. . . anda en amores con una mujer, unos amores llenos de
vigilancias, obstáculos, cuartos oscuros, tías que duermen,
amenazas y peligros, como de novela". This reference to the
devices of a novel here made *within a novel* is an instance of
what has been called "interior duplication". In other words,
we have a person in a novel talking about other people in a
novel as if the latter were less real than the person (Milagros)
who is speaking—who, as it happens, is herself a novelistic
creation of Marco Denevi. If we consider this for a moment,
we begin to experience the faintly dizzying feeling we sometimes
have when we stand between two mirrors and gaze deep into
the infinite reflections and re-reflections which they cast on one
another. The final effect, in either case, is to make just a slight
bit cloudy the line between reality and non-reality (or fantasy).
This, as you will see, touches on the most important theme of

Rosaura a las diez. Try to be conscious of this fact as the theme develops before your eyes. In what part of our everday life do reality and fantasy merge? Has this phenomenon been mentioned in the novel so far?

5. *Rosaura* is a very carefully plotted novel, constructed much along the lines of the classical detective story. A large number of the facts given attention by the author in these early pages have an important later significance in the unravelling of the mystery of Camilo. Keep this in mind while you are reading. Elements of fantasy have already started to creep into the narrative. Half a dozen vital facts have already been laid down —for elaboration later in the novel. Now that you have been alerted, keep track of your suspicions.

CUESTIONARIO – I – *Capítulo Cuatro*

1. ¿ Por cuántas semanas llegaron las cartas perfumadas?
2. ¿ Qué error había en el sobre de la nueva carta?
3. ¿ Qué le rogó a Milagros la señorita Eufrasia?
4. ¿ Por qué se aprestaban a fingir sorpresa Milagros y sus hijas?
5. ¿ Cómo era la carta?
6. ¿ Por qué criticó David Réguel a Milagros el haber revelado a todos el contenido de la carta?
7. ¿ Cuáles son las características personales de Réguel, según Milagros?
8. ¿ Qué "palabrota" había dicho Matilde en presencia de la señorita Eufrasia?
9. ¿ Qué incidente ocurrió esa noche en la mesa?
10. ¿ Por qué invitó Milagros a Camilo a bajar al comedor?

CUESTIONARIO – I – *Capítulo Cinco*

1. ¿ Quién llegó un día al taller de Camilo?
2. ¿ Qué quería este señor?
3. ¿ A dónde llevó él a Camilo?
4. ¿ Cómo era la casa del señor?

5. ¿ En qué condiciones estaba el cuadro?
6. ¿ Qué otras personas vivían en la casa del señor enlutado?
7. ¿ Quién era la vieja que lo observaba el primer día?
8. ¿ Quién se presentó a Camilo un día en que el viudo no había venido?
9. ¿ De qué hablaron?
10. ¿ Qué otro trabajo le dio el señor a Camilo?
11. ¿ Qué día concertaron para la pose?
12. ¿ Quién estuvo siempre presente mientras Camilo retrataba a la hija?
13. ¿ Siempre los vigilaba ella cuidadosamente?
14. ¿ Por qué resolvió Rosaura escribirle a Camilo?
15. ¿ Por qué Camilo no le había dicho nada a Milagros acerca de Rosaura?

CUESTIONARIO – I – *Capítulo Seis*

1. ¿ Por qué terminaron por enterarse los demás huéspedes de todos los detalles del idilio de Camilo?
2. ¿ Quién se había ensañado con Rosaura? ¿ Por qué?
3. ¿ Por qué no era necesario que Camilo le trajese a Milagros una foto de Rosaura?
4. ¿ Cómo era el cuadro de Rosaura?
5. ¿ Cuál fue la reacción de Matilde?
6. ¿ Quién entró inesperadamente en ese momento en el cuarto de Camilo?
7. ¿ Qué repetía a cada rato acerca de Rosaura?
8. ¿ Cómo reaccionó Camilo? ¿ Por qué?
9. ¿ Por qué se encontraba Camilo "medio alicaído" un lunes a la noche?
10. ¿ Con qué palabras se despidió Rosaura de Camilo aquella última tarde?

CUESTIONARIO – I – *Capítulo Siete*

1. ¿ Qué temía Milagros que Rosaura dijera en su última carta?
2. ¿ Abrió Milagros la carta?

3. ¿ Qué hizo Milagros cuando Camilo no salió de su cuarto a la hora del almuerzo?
4. En la carta ¿ se despedía Rosaura de Camilo para siempre?
5. ¿ Qué pensaba hacer Camilo?
6. ¿ Qué quería Milagros que Camilo hiciera?
7. ¿ Qué quería decir Milagros al sugerir que Camilo interviniera "por las malas"?
8. ¿ Qué historia les trajo en aquel momento David Réguel?
9. ¿ Había hablado Réguel con Rosaura?
10. ¿ Qué hizo Camilo al oir todo aquello?

REVIEW EXERCISES – (pp. 39 to 80)

A. MULTIPLE-TENSE VERB DRILL

Using the expressions in the right-hand column, give the Spanish for the English sentences listed directly opposite on the left.

1.a) Yesterday there weren't any napkins on the table.	*faltar*
b) The maid says there are still three forks missing.	
2.a) He hopes they'll be back by Tuesday.	*estar de vuelta*
b) How long have you been back?	
3.a) I don't know why he got so mad.	*enojarse*
b) If I tell you, promise me you won't get mad.	
4.a) This afternoon he'll have a look at Room 21.	*echar un vistazo*
b) I'm sure she glanced at me and smiled.	
5.a) She finally said she'd buy them.	*acabar por*
b) I always end up accepting the teacher's idea.	
6.a) I wouldn't move if I were you.	*moverse*
b) He didn't budge from his chair.	

7.a) We couldn't help but laugh at them. *no poder menos que*

b) I can do nothing but tell you the truth.

8.a) The roomers always got along well. *llevarse*

b) I hope you get along with the boss.

9.a) You've ruined it! *echar a perder*

b) The rain spoiled them all.

10.a) It seems incredible that you haven't found out. *parecer mentira*

b) It seemed impossible that the summer had ended.

B. DRILL ON NEW EXPRESSIONS

Translate the following sentences entirely into Spanish, selecting from the expressions on the right the one corresponding to the italicized English words on the left.

1. I had to leave the letter *half-finished*. que yo sepa

2. The strange thing is that I didn't say it *out loud*. con mil amores

3. He was *constantly* consulting his watch. en cuanto

4. *So far as I know*, they're getting along well. de usted

5. They were arguing *at the top of their lungs*. a cada rato

6. I'll help you study for the test *with the greatest pleasure* hacerse el dormido

7. I, *in your place*, wouldn't say anymore. a medio terminar

8. The story ended *in the oddest way*. en voz alta

9. *He pretended he was asleep* in order to hear what they were saying. de la manera más rara

10. Call me *as soon as* they return. a grito pelado

C. SENTENCE COMPLETION EXERCISE

Complete, in any way you see fit, the sentence fragments given below by selecting for each a suitable verb from among those listed in Exercise A, observing always the subject indicated here and placing the new verb in an appropriate tense or mood.

1. Nosotros preferiríamos que Uds.
2. Cuando venga la primavera, ella
3. Yo dudo que él
4. El profesor le sugiere que (él)
5. Lo malo es que tú

D. LITERARY TOPICS FOR DISCUSSION

1. It is worthwhile giving some attention to the characterizations Denevi achieves *through* Milagros. She is not at all scientific or methodical in her descriptions of the *pensionistas* at *La Madrileña*; yet don't you have the feeling that somehow you already know these people? In later chapters, Camilo, David Réguel, and Eufrasia Morales will speak on their own behalf. You will then be able to check Milagros' version with the originals and judge how accurate her portraits have been.

List half a dozen or more personal traits with which Denevi has provided Milagros. From a novelistic point of view, in what way do these traits qualify her as the ideal person to give the first version of what has occurred at *La Madrileña*?

2. Do Milagros' daughters emerge as individuals? Does any one of them stand out as more of a personality than the others? Would this likely have been the author's intention? Does any one seem to give evidence of resenting Rosaura? What could be the reason for this?

3. What is the effect on the household of the eighth, misaddressed letter? (Keep in mind that Milagros and her daughters have secretly found out about Camilo's relationship with Rosaura.) What *change* does the letter bring about. Does anyone benefit especially from it? In what way?

4. Camilo's complete account of his adventure with Rosaura (given in Chapter Five) stands by itself as a perfect model of the sentimental romantic tale. It has all the elements: innocence, passion, enforced secrecy, frustrations, villains, stolen moments of tenderness, love letters . . . . Milagros calls attention to this fact when she refers to it as "un caso de esos que salen en las novelas" (p. 62). Here again is the reference to a novel within a novel, to the work within the work. Do you sense the slight air of mockery that results when an author employs this device? (There is, moreover, as you will see, a profound underlying irony in this.) In a subtle fashion, Denevi at this moment draws the reader once again close to the theme of the novel and suggests, obliquely, that the line between fantasy and reality is actually very vague and at best difficult to define.

5. As Denevi unravels his plot, mysterious, unanswered questions accumulate—all of which must be dealt with and explained later. For example: what is the explanation of the secrecy surrounding Camilo's job in Belgrano; why does Camilo seem to fear Réguel; why does Camilo so firmly refuse to consider the idea of marrying Rosaura? Can you begin to piece together the truth?

CUESTIONARIO – I – *Capítulo Ocho*

1. ¿ Qué hora era cuando terminaron de comer ?
2. ¿ Qué se oyó en ese momento ?
3. ¿ Quién fue a ver quién era ?
4. ¿ Quién era la persona que entró ?
5. ¿ Qué hicieron los pensionistas al verla? ¿ Y la mucama ?
6. ¿ Cómo la saludó Milagros ?
7. ¿ Qué dijo Rosaura ante la cálida recepción ?
8. ¿ Había venido Rosaura a reunirse con Camilo ?
9. ¿ Dónde estaba Camilo ?
10. ¿ Cómo era la cara de Camilo cuando todos entraron en el comedor ?
11. ¿ Cómo saludó Camilo a Rosaura ?

12. ¿ Quién se echó a llorar? ¿ Cómo lloró ?
13. ¿ En qué cuarto iba a vivir Rosaura ?
14. Según Rosaura ¿ cuándo había sido la pelea en casa ?
15. ¿ Qué había estado haciendo Rosaura antes de llegar a *La Madrileña* ?
16. ¿ Qué observó Milagros en el antebrazo de Rosaura ?
17. ¿ Qué comentarios hicieron las hijas sobre Rosaura ?
18. ¿ Cómo tra la conducta de Rosaura, según Milagros ?
19. ¿ Se llevaban bien Camilo y Rosaura ?
20. ¿ Quiénes participaron en el extraño episodio de un sábado por la tarde ?
21. ¿ Pudo saber Milagros lo que había pasado ?
22. ¿ Cuál era el verdadero nombre de Rosaura ?
23. ¿ A dónde irían Camilo y Rosaura después de la boda ?
24. ¿ Quién estuvo ausente de la casa aquella noche ?
25. ¿ Que noticias horrorosas trajo David Réguel a los de *La Madrileña* ?

REVIEW EXERCISES – (pp. 80 to 98)

A. MULTIPLE-TENSE VERB DRILL

Using the expressions in the right-hand column, give the Spanish for the English sentences listed directly opposite on the left.

1.a) Pepe was brilliant at the party last night.   *lucirse*
  b) You'll be brilliant tonight as always.
2.a) Do you remember what I told you?   *acordarse de*
  b) Suddenly he remembered his promise.
3.a) Everyone pay attention, please!   *prestar atención*
  b) Why don't you pay attention to what he's saying?
4.a) Were you feeling all right?   *sentirse*
  b) I haven't felt well for a week.
5.a) What's on your mind?   *pensar en*
  b) It would be better if you thought more about your future.

6.a) Did you and Diego have a good time?   *divertirse*
  b) I'm sure you'll enjoy yourself.
7.a) Let's have a party Saturday.   *hacer una fiesta*
  b) They had a little party after the wedding.
8.a) Be quiet; I can't hear anything.   *callarse*
  b) Everyone stopped talking when he began to speak.
9.a) He started to work again as a painter.   *volver a*
  b) You'll see her again.
10.a) No one dared to interrupt him.   *atreverse a*
  b) I don't dare mention it again.

B. DRILL ON NEW EXPRESSIONS

Translate the following sentences entirely into Spanish, selecting from the expressions on the right the one corresponding to the italicized English words on the left.

1. *According to* Carlos, the party's at 8:30.   *el día menos pensado*

2. He left town in his car *at top speed*.   *en efecto*

3. I'll give you the money *gladly*.   *aparte de*

4. *Suddenly*, he sat down and began to write.   *sin ton ni son*

5. *When you least expect it*, they'll call you.   *a propósito de*

6. *Aside from* that, there's nothing else to do.   *los dos*

7. It was a series of *meaningless* crimes.   *según*

8. *Both of them* wanted to be the first to finish.   *con mucho gusto*

9. *As a matter of fact*, he wasn't paying attention.   *a toda prisa*

10. He wouldn't say anything more *in connection with* the murder.   *de pronto*

C. SENTENCE COMPLETION DRILL

Complete, in any way you wish, the sentence fragments given below by selecting for each a suitable verb from among those listed in Exercise A, observing always the subject indicated here and placing the new verb in an appropriate tense or mood.

1. Esperamos que Uds.
2. En cuanto estén de vuelta, ellos
3. Se lo digo para que Ud.
4. Está bien si tú
5. Su padre le aconsejó que (él)

D. LITERARY QUESTIONS FOR DISCUSSION

1. In the first pages of Chapter Eight occurs the most dramatic incident of the novel up to this point. It is an unexpected development, but an immensely important one. The author, accordingly, must prepare the reader for it in such a way that he is, in a sense, ready for it and perhaps even expecting it. How, then, does Denevi, in the space of just a few paragraphs, build up to this moment? What mood does he set that *has* to be broken by some dramatic incident? Furthermore, what technique does he employ to lead up to the very moment of the occurrence? Were *you* subtly alerted to the fact that something was about to happen?

2. Do you feel that the strange behavior of Camilo and Rosaura in this Chapter is justified by what we might term the circumstances of the encounter? What of Rosaura's odd clothes, her astonishing table manners? These are unquestionably peculiar. But what helps the reader accept them as somehow natural, or at least understandable, characteristics? These considerations properly inspire a certain amount of admiration for Denevi's conception of the character of Milagros and for his choice of her as the dominant figure in the novel.

3. Consider the mounting total of mystifying incidents.

Rosaura, for example, actually admits little to Milagros about her past. She acknowledges scarcely more than the fact that her aunt doesn't know that she has "run away" and that the "fight" had occurred the day before. But, oddly, she seems to be totally ignorant of the miniature portrait Camilo had painted of her. Is someone lying? This much is sure: here is Rosaura and the portrait is the perfect image of her. Could someone involved in this strange affair possibly be mentally unbalanced? Who? Camilo? Rosaura? Milagros?

4. Keep in mind throughout that we are being given only *one* version of this story—that of Milagros. Does it seem likely that other statements offered by other persons involved in the affair will differ to some degree with that of Milagros? (Is it probable that any two persons will render the same account of an incident witnessed by both?) And if these differences do arise, *where* is the truth? *What* is the truth?

Milagros states that she doesn't know what happened the afternoon of the incident between Camilo and Réguel in Rosaura's room. But, from the author's point of view, this mystery must be cleared up. Keep in mind that in subsequent sections of the novel two of the people directly involved in this incident (Camilo and Réguel) will give their versions. Does it seem probable that their statements will bring to light precisely what happened?

5. Eventually, of course, Denevi had to face the problem of how to end this long statement by Milagros. Since her declaration has presented an abundance of puzzling questions (without answers), the author, technically speaking, had the choice of either solving them all (and thereby ending the novel) or of proposing a final mystery of an even greater proportion than anything that had arisen before. In the close of this section, Denevi reveals that he has chosen the latter narrative possibility. However, at the same time, by introducing this sensational development he has *answered* a basic question and has cleared up a fundamental mystery that has hung unanswered since the first page. What was this mystery?

CUESTIONARIO – II – *David canta su salmo*

1. En este capítulo ¿ quién hace declaración ante el Inspector Baigorri?
2. ¿ Duda Réguel realmente de la capacidad de la policía?
3. ¿ Hay asesinatos sin razón, según Réguel?
4. ¿ Qué es lo que Réguel había previsto?
5. ¿ Por qué, decía Réguel, había que desconfiar de Camilo?
6. ¿ A qué categoría de hombres pertenecía Camilo?
7. ¿ De qué se dio cuenta Réguel el día en que conoció a Camilo?
8. ¿ Quiénes, según Réguel, trataban mal a Réguel?
9. ¿ Y qué hacía Camilo mientras lo explotaban?
10. ¿ Qué opinión tenía Réguel sobre Rosaura?
11. ¿ A qué clase de mujeres pertenecía Rosaura?
12. ¿ Creía Réguel que Rosaura estaba enamorada de Camilo?
13. ¿ Quiénes, además de Réguel, en *La Madrileña* sospechaban que el idilio de Camilo no era todo lo inocente que parecía?
14. ¿ Por qué inventó Camilo la historia de que él y Rosaura ya no podían verse?
15. ¿ Qué dijo Réguel acerca de la última carta de Rosaura?
16. ¿ Por qué no pudo Réguel hablar con Rosaura la noche que la vio?
17. ¿ Cuál era "el único punto débil" en el plan de Camilo?
18. ¿ Qué hizo Camilo al aparecer Rosaura en *La Madrileña*?
19. ¿ Camilo y Rosaura se expresaban alguna vez amor o pasión?
20. ¿ Qué le preguntó Rosaura a Réguel acerca de su cédula?
21. Según Réguel ¿ cómo se produce la neurosis que el atribuía a Camilo?
22. ¿ Por qué cubrió de insultos Réguel a Camilo en el cuarto de Rosaura?
23. ¿ Por qué siguió Réguel a Camilo y a Rosaura después de la fiesta?
24. ¿ Qué pasó cuando Camilo salió del "Hotel La Media Luna"?
25. ¿ Qué encontraron Réguel y el policía cuando subieron a la habitación?

REVIEW EXERCISES (pp. 101 to 121)

A. MULTIPLE-TENSE VERB DRILL

Using the expressions in the right-hand column, give the Spanish for the English sentences listed directly opposite on the left.

1.a) Why did you mistrust him?   *desconfiar de*
   b) Be distrustful of that fellow.

2.a) So far as I know, he hasn't tried to   *tratar de*
       call you.
   b) If I were you, I'd try to finish it
       now.

3.a) They said goodnight to their friends   *despedirse de*
       that same night.
   b) Have you said good-bye to Beatriz
       yet?

4.a) I'll have the book sent to you to-   *hacer* plus infinitive
       morrow.
   b) She had dinner served in the patio.

5.a) I (can) imagine the difficulties.   *imaginarse*
   b) The train arrived early—picture
       that!

6.a) She didn't catch on until after-   *caer en la cuenta*
       wards.
   b) Ah, now I see!

7.a) He stood up and addressed the   *dirigirse*
       president.
   b) Why don't you speak to the police-
       man on the corner?

8.a) I don't think he was in agreement.   *estar de acuerdo*
   b) Do you agree with me?

9.a) Don't forget to bring the bread.   *olvidarse de*
   b) I hope they don't forget to tell her
       we're coming.

10.a) He insinuated that she was wrong.   *dar a entender*
    b) I hinted that I had seen her before.

B. DRILL ON NEW EXPRESSIONS

*Translate the following sentences entirely into Spanish, selecting
from the expressions on the right the one corresponding to the
italicized words on the left.*

1. It was *a matter of* some 800 dollars.	*a su vez*
2. *On the contrary*, I'd like it very much.	*a lo mejor*
3. Finish *as soon as you can* and we'll go out.	*a sus órdenes*
4. *Maybe* you'll find them at home.	*cómo le diré*
5. He, *in turn*, gave the money to Margarita.	*cosa de*
6. My name is Gustavo Paz, *at your service*.	*semejante*
7. *Suddenly*, the doorbell rang.	*cuanto antes*
8. There she was—*in the midst of* her admirers.	*de golpe*
9. At times he is—how shall I say—a little bit difficult.	*al contrario*
10. I've never seen *such a* boarding house!	*en medio de*

C. SENTENCE COMPLETION EXERCISE

*Complete, as you see fit, the sentence fragments given below by
selecting for each a suitable verb from those listed in Exercise A,
observing always the subject indicated here and placing the new
verb in an appropriate tense or mood.*

1. Mariano me dijo que Ud.
2. Es posible que tú
3. Yo no creo que ellos
4. No van a divertirse si (Uds.)
5. Parece mentira que ella

D. LITERARY TOPICS FOR DISCUSSION

1. In what way does Réguel's statement contrast with that
of Milagros? Which do you believe? Could Milagros have been
wrong about Camilo all those years?

2. Be guided by this "fair play" principle which Denevi has
followed: the facts presented by Milagros and Réguel (and Camilo
and Eufrasia Morales later) are *facts*. The interpretation of the

facts, however, is in each case unavoidably *personal*. This explains in large part the apparent contradictions in the statements of Milagros and Réguel. Do the facts seem to bear out what Réguel says? For example, *was* Camilo exploited by Milagros and her family during his years at *La Madrileña*?

3. This new, rather cynical account of the love affair between Camilo and Rosaura is based on Réguel's close, almost clinical observation of the two. Are you, therefore, any more inclined to accept this version than that given by the uncomplicated Milagros? Why?

4. Humanists and scientists are often said to have notably varying attitudes with regard to the meaning and interpretation of phenomena. Milagros here clearly represents the humanist, sympathizing, feeling for other human beings. Réguel, on the other hand, represents the scientist, armed with facts, who tries to remain aloof, removed and unfeeling, and whose primary method of analysis is objective observation. If you were a police inspector investigating a murder case and heard the testimony of both of these people, to which would you lend the greatest belief? Why?

5. From the standpoint of the plot of *Rosaura*, why was it vital that Réguel be assailed by doubts concerning the usefulness of his pursuit of the couple at the moment when they were registering at the Hotel La Media Luna? What might have happened (or not happened) if he hadn't hesitated?

CUESTIONARIO – III – *Conversación con el asesino*

1. ¿ En qué clase de pintura se ha especializado Camilo?
2. ¿ Dónde aprendió Camilo esa técnica?
3. ¿ Cómo era el padre de Camilo?
4. ¿ Cómo trataba a Camilo su padre?
5. ¿ Por qué dice el inspector que Camilo también falsificaba documentos?

6. ¿ Qué le dice Camilo al inspector sobre Rosaura?

7. Según Camilo, ¿ es verdadera toda la historia de su empleo en la casa del enlutado?

8. ¿ Quién había escrito las cartas perfumadas?

9. ¿ Era de Rosaura la trenza rubia?

10. ¿ En qué momento dice Camilo que despertó "después de un largo sueño"?

11. ¿ Qué relación tienen los sueños de Camilo con su padre?

12. ¿ Cuál fue el más terrible sueño que tuvo Camilo?

13. ¿ A qué se refiere Camilo cuando habla del "tercer sueño concéntrico"? ¿ Qué quiere decir él con esto?

14. ¿ Fue un sueño Rosaura?

15. ¿ Cuándo imaginó Camilo a Rosaura?

16. ¿ Por qué dice el inspector que lo de Rosaura era una "comedia"?

17. ¿ Para qué inventó Camilo a Rosaura?

18. ¿ Para quién la inventó?

19. ¿ Con qué propósito?

20. ¿ Qué incidente impulsó a Camilo a imaginar a Rosaura?

21. ¿ Por qué decidió Camilo un día que su "farsa" no podía prolongarse más?

22. ¿ Quién sospechaba algo?

23. ¿ De dónde había extraído Camilo el rostro de Rosaura?

24. ¿ Qué recuerda Camilo de lo que ocurrió a partir de la noche en que llegó Rosaura a *La Madrileña*?

25. ¿ Qué hizo el hombre de la "cara cosida" cuando Camilo le presentó los documentos?

26. ¿ Qué le dijo Rosaura a Camilo acerca de una carta?

27. ¿ Por qué creía Camilo que podía poner fin a la risa de Rosaura?

28. ¿ Qué le hizo Camilo a Rosaura para callarla?

29. ¿ Estaba muerta ella cuando él salió de la habitación?

30. ¿ Quién estaba en el corredor cuando Camilo salió?

REVIEW EXERCISES – (pp. 125 to 143)

A. MULTIPLE-TENSE VERB DRILL

Using the expressions in the right-hand column, give the Spanish for the English sentences listed directly opposite on the left.

1.a) I don't know what he was referring to.   *referirse a*
 b) What painting are you referring to?

2.a) We don't think it was your fault.   *tener la culpa*
 b) Well, then, who's to blame?

3.a) Is it possible that you were mistaken?   *equivocarse*
 b) Madam, I never make a mistake.

4.a) Why have they stopped studying   *dejar de*
    French?
 b) When did they stop speaking familiarly
    with each other?

5.a) At 7:30 he was downtown.   *encontrarse*
 b) I hope you all are well.

6.a) It's up to you, friend.   *tocarle a uno*
 b) It was up to us to inform the police.

7.a) She fell in love with a young man from   *enamorarse de*
    Córdoba.
 b) He said he'd never fall in love with any-
    one.

8.a) She would go out when the mailman   *acercarse*
    approached.
 b) Come a little closer.

9.a) You must be very hungry.   *deber de*
 b) They must have had a good time.

10.a) How did he find out about the investi-   *enterarse de*
    gation?
 b) I doubt that they've found out about her
    new boy friend.

B. DRILL ON NEW EXPRESSIONS

Translate the following sentences entirely into Spanish, selecting from the expressions on the right the one corresponding to the italicized words on the left.

1. *Therefore*, we chose not to say anything.   *hacer su agosto*
2. He had been *in mourning* for two years.   *a que*
3. *In spite of* what you say, I think she's beautiful.   *sin embargo*
4. *I'll bet* she doesn't catch on.   *por eso*
5. *Nevertheless*, try to arrive on time.   *a pesar de*
6. *As for* María Angélica, I don't know what to tell you.   *desde luego*
7. *You'd have a field day* at my boarding house.   *así que*
8. Do what you want, because *it's all the same to me*.   *en cuanto a*
9. *So* you didn't tell the truth to anyone.   *estar de luto*
10. *Of course*, we ended up getting mad.   *me da lo mismo*

C. SENTENCE COMPLETION EXERCISE

Complete, in any way you see fit, the sentence fragments given by selecting for each a suitable verb from among those listed in Exercise A, observing always the subject indicated here and placing the new verb in an appropriate tense or mood.

1. La verdad es que yo
2. ¿ No te parece posible que él
3. Yo no creía que ellos
4. Lo importante es que tú
5. A ella le gusta pensar que nosotros

D. LITERARY TOPICS FOR DISCUSSION

1. In this chapter, nearly three-quarters of the way through the novel, you hear Camilo speak directly for the first time. Up

until this point he has been presented through other people's eyes. Which version is he most like? Or is he someone else who is entirely different? Why? Is it impossible—or nearly so—for someone to describe accurately to a third party what a given person is like? Which is the true Camilo? Is there a true Camilo? Again, what determines the truth?

2. What force, do you feel, had the most influence in shaping Camilo's life? In general, what contributed to making him the way he is? What is his greatest fear? Did Milagros know about this? Why? (If he had discussed it with her at length earlier, how might his outlook have been changed?) Were Milagros's dealings with Camilo on the matter of his dreams believable and "in character" with her personality?

3. Does the "living-dream" that Camilo describes as having begun at the precise moment of Rosaura's appearance at *La Madrileña* satisfactorily explain his behavior with her from that point on? When did this waking dream end? Why?

4. The great effort of creation that Camilo confesses in this chapter to Inspector Baigorri had, obviously, a specific purpose. What was this purpose? However, the whole story was nonetheless a *creation*. Who, then, is Rosaura? (At this point, the best one can do is construct a theory on the basis of a few clues.) Did Camilo say that the face he painted in miniature did not exist? This is an important clue that Baigorri failed to follow up.

5. Consider these two questions that look ahead to the novel's conclusion. First, assume that the explanation of the mystery is fantastic (i.e., that Camilo dreamed Rosaura with such intensity that she materialized in real life). Would such a nonrealistic conclusion seem acceptable? Or, on the basis of all that you have read so far, do you feel that a reasonable, realistic solution is absolutely required?

Secondly, assuming that some kind of realistic explanation can be given, can you see in this chapter any hope for what could be considered a "happy ending" for Camilo?

CUESTIONARIO – IV – *Declaración de Eufrasia Morales*

1. Según la señorita Eufrasia ¿ quién era el "personaje escondido" del caso?
2. ¿ Qué interés tenía este personaje en Camilo Canegato?
3. ¿ Cómo expresaba sus sentimientos esta mujer?
4. ¿ Cómo explica la señorita Eufrasia el incidente de la sopa hirviente que se derramó sobre Camilo?
5. ¿ Qué día había ocurrido esto?
6. ¿ Confirma la señorita Eufrasia lo que Réguel había dicho sobre la disputa entre Camilo, Rosaura y Réguel mismo?
7. ¿ Quién se había metido sigilosamente en el cuarto de Rosaura después de este incidente?
8. ¿ Qué hizo Rosaura al volver a su cuarto?
9. ¿ Qué exigió Rosaura después a Camilo?
10. ¿ Qué le respondió él?
11. ¿ Quién creía la señorita Eufrasia que pudiera haberle despojado de la carta a Rosaura?
12. ¿ A quién estaba dirigida la carta?
13. ¿ Qué viaje había hecho la mucama varios días después?
14. ¿ En qué actitud había sorprendido la señorita Eufrasia a Elsa el día de la boda?
15. ¿ Qué sugiere la señorita Eufrasia cuando dice que "la piedra desechada por los arquitectos puede ser la clave del ángulo"?

CUESTIONARIO – V – *Carta de Marta Córrega*

1. ¿ Qué le entregó Elsa Gatica al Inspector Baigorri?
2. ¿ A quién estaba dirigida la carta?
3. ¿ Quién la había escrito?
4. ¿ Dónde había estado Marta Córrega durante los cinco años anteriores?
5. ¿ Qué quería Marta Córrega contarle a su tía?
6. ¿ Qué les había dicho a todos la portera de la casa donde antes había vivido Marta?
7. ¿ Quiénes creyeron esto?

8. ¿A quién fue a buscar Marta en el *Palacio Marinero*?
9. ¿Cómo fue recibida?
10. ¿Qué cosas le facilitó la Iris a Marta?
11. ¿Qué le propusieron por fin a Marta la Iris y sus amigos?
12. ¿Eran criminales éstos?
13. ¿Quién era el jefe?
14. Cuando Marta se negó a aceptar su proposición ¿qué le hicieron los otros?
15. ¿Cómo pudo escaparse Marta?
16. ¿A quién atacó al salir de la casa?
17. ¿Qué es lo que le gritaba mientras la pisoteaba?
18. ¿Era cierto que sabía quién era el Turco?
19. ¿Qué nombre se le ocurrió a Marta mientras estaba sentada sola en la Plaza Once?
20. ¿Había conocido antes a esta persona? ¿Dónde? ¿Cómo?
21. ¿En qué se había basado Camilo para hacer el cuadro en miniatura de Rosaura?
22. ¿Qué creía Camilo que le había pasado a Marta?
23. ¿Cuál fué el terrible sueño que le había atormentado a Camilo por tantos años?
24. ¿Qué le pasó a Camilo al darse cuenta de que un sueño se había convertido en realidad?
25. ¿Quién reconoció a Marta en el *Hotel La Media Luna*?
26. ¿Quién había conseguido una cédula falsificada para Marta?
27. ¿Es cierto que Marta iba a denunciar a la policía las actividades del Turco y su banda?
28. ¿Cuando mataron a Marta?
29. ¿Quiénes fueron los responsables de la muerte de Marta Córrega?
30. ¿A qué hora había llegado Rosaura aquella noche a *La Madrileña*?

REVIEW EXERCISES – (pp. 147 to 164)

A. MULTIPLE-TENSE TRANSLATION DRILL

Using the expressions in the right-hand column, give the Spanish for the English sentences listed directly opposite on the left.

1.a) Didn't you manage to finish it? b) It's possible you won't succeed in doing it the first time.	*alcanzar a*
2.a) She wrote us that she hadn't decided yet. b) I hope your brother has decided to stay.	*decidirse (a)*
3.a) You were right in everything you said. b) He always hits the mark with his observations.	*acertar*
4.a) He doesn't know her phone number. b) They didn't know the price of the painting.	*ignorar*
5.a) Is Manuel still in Uruguay? b) Will he stay on at the bank?	*seguir*
6.a) How did the children behave? b) I'm sure he'll behave like a perfect gentleman.	*portarse*
7.a) Love transformed her completely. b) The ice turned into water.	*transformar(se)*
8.a) He used to attend the painting classes. b) The doctor came to the rescue when he found out about the accident.	*acudir*
9.a) Did anyone ask for me this morning? b) When I get to the hotel I'll ask for him.	*preguntar por*
10.a) I'll never get used to going to bed so late. b) He got accustomed to spending the afternoons in the park.	*acostumbrarse a*

B. DRILL ON NEW EXPRESSIONS

Translate the following sentences entirely into Spanish, selecting from the expressions on the right the one corresponding to the italicized English words on the left.

1. *Meanwhile*, the inspector had arrived.   *ni siquiera*
2. *Here is* the first edition of the famous   *ahora mismo*
   Quijote.
3. There were *around* forty guests at the   *no obstante*
   party.
4. *In short*, it's the most beautiful country   *alrededor de*
   in the world.
5. *Nevertheless*, I don't think he's at   *en fin*
   fault.
6. He *didn't even* know the author's name.   *entre bastidores*
7. *Because of* his father's death he had to   *en broma*
   return to the provinces.
8. Mama wants you to come *right now*.   *a consecuencia de*
9. Until now this woman has been hidden   *entretanto*
   behind the scenes.
10. I think he said it *as a joke*.   *he aquí*

C. SENTENCE COMPLETION EXERCISE

Complete, in any way you wish, the sentence fragments given below by selecting for each a suitable verb from among those listed in Exercise A, observing always the subject indicated here and placing the new verb in an appropriate tense or mood.

1. Yo preferiría que tú
2. Marco sospecha que ellas
3. No puede ser que él
4. No querían que Uds.
5. No conocemos a nadie que

D. LITERARY QUESTIONS FOR DISCUSSION

1. Why does Eufrasia Morales seem the logical person among the boarders at *La Madrileña* to have noted something as unapparent as Camilo's secret admirer? Considering the characterization that Denevi has given of her, why would her degree of interest in what went on at the *pensión* be so much greater than that, say, of Milagros or of Réguel?

2. Señorita Eufrasia sheds new light on the Camilo-Rosaura-Réguel incident and also offers important information bearing on Rosaura's missing letter. Is it believable that she would not have told anyone else about her suspicions? Why? Have all the principal characters of the novel acted consistently in a manner that you would call psychologically "in character"—as opposed to contrived?

3. Can you see any double meaning to Eufrasia's closing comment: "¿ La piedra desechada por los arquitectos puede ser la clave del ángulo"? That is, a meaning that does not refer to Elsa or to the letter?

4. In order to perceive the meticulous construction of the novel, make a list of the earlier facts or events of the novel that are referred to in this letter. This list will reveal what an immensely critical role has been preserved up to the last moment for this final fragment of the total work.

5. Is there any basis for concluding that one evening at ten o'clock Camilo's most terrifying dream, in a sense, had come true? Explain this in detail. (If you are thorough, you will see that not a single question raised in the narrative has been left unanswered—or, for that matter, untouched by the novel's concluding mood of wonder and pathos.)

VOCABULARIO

The following types of words have been omitted from this vocabulary: (a) exact or easily recognizable cognates; (b) well-known proper and geographical names; (c) proper nouns and cultural, historical, and geographical items explained in footnotes; (d) individual verb forms (with a few exceptions); (e) regular past participles of listed infinitives; (f) some uncommon idioms and constructions explained in footnotes; (g) diminutives in -ito and -illo and superlatives in -ísimo unless they have a special meaning; (h) days of the week and the months; (i) personal pronouns; (j) most interrogatives; (k) possessive and demonstrative adjectives and pronouns; (l) ordinal and cardinal numbers; (m) articles; (n) adverbs in -mente when the corresponding adjective is listed; and (o) most common prepositions.

Several of the above principles have not been applied strictly. In many cases, where there seemed to be some doubt that a given term would be familiar to a second-year student, it was included.

The gender of nouns is not listed in the case of masculine nouns ending in -o and feminine nouns ending in -a, -dad, -ez, -ión, -tad, and -tud. A few irregular nouns such as narices, are listed both as singular and plural. Most idioms and expressions are listed under their two most important words. Radical changes in verb conjugations are indicated thus: (ue), (ie, i), etc. Prepositional usage is given in parentheses after verbs. A dash means repetition of the key word. Parentheses are also used for additional explanation or comment on the definition.

Abbreviations

adj.	adjective	*ger.*	gerund	*m.*	masculine
adv.	adverb	*imp.*	imperative	*n.*	noun
dim.	diminutive	*inf.*	infinitive	*p.p.*	past participle
e.g.	for example	*interj.*	interjection	*pl.*	plural
f.	feminine				

(*See* ADDENDA, page 219.)

197

A

abalanzar to throw with force
abierto (*p.p. of* **abrir**) open
abisal underlying, fundamental
abogado lawyer
abonar to pay, hand over
aborrecer (**zc**) to hate, detest
abrazar to embrace
abreviar to make short, abbreviate
abrumar to crush, overwhelm
aburrido (*p.p. of* **aburrir**) bored
acabar to finish, end; — **de** to have just
acabado finish
acaloradamente excitedly
acaso perhaps
aceite *m.* oil
acerca: — **de** about
acercar to bring near; —**se** to approach
acertar (**ie**) to guess right
aclarar to clear up
acometer to overtake
aconsejar to advise
acordarse (**ue**) to remember
acta certificate; — **nupcial** marriage certificate
actitud attitude, posture, position
acudir to come (to); to attend
acuerdo agreement, accord; **de** — **con** in keeping with
acusador accusing
achispado tipsy
adefesio "odd-ball"
adelantado in advance
adelante forward, ahead; **más** — later
adelanto advance
ademán *m.* gesture, movement
además besides
adivinar to guess

adúltero adulterer
advertir (**ie, i**) to warn; to instruct
afectar to feign
afectuoso affectionate
aferrado fastened
aficionado fan
afinarse to become taut
afincar to acquire
afluir to flow
afuera outside
agalla: **tener** —**s** to have the nerve
agasajar to regale; to treat kindly
agente *m.* (police) officer
agitar to wave
agradar to please
agradecido: **estar** — to be thankful
agradecimiento gratefulness
agrandarse to enlarge
agregado addition
agregar to add
aguantar to bear, stand; to resist
aguardar to wait, await
agudo sharp, high-pitched
ahorro saving; **cuenta de** —**s** savings account
alba *m.* dawn
alboroto hubbub
alcanzar to hand; to reach; to suffice; to manage; to catch up (with)
alejamiento withdrawal
alejar to remove to a distance; —**se** to draw away
alfombra rug
aliado ally
alicaído depressed
aliento breath
alivio relief
alma *m.* soul
almuerzo lunch

alojamiento lodging
alquilar to rent
alquitrán *m.* tar
alrededor (de) around; —es *pl.*
environs
alto: en lo — in the air
altura height
aludir to allude
alzar to raise
ama: — de llaves housekeeper
amaestrar to train
amanecer to dawn
amargar to make bitter
amarillento yellowish
ambiente *m.* environment
ambos both
amenazar to threaten
amojamado dried up
amoratado livid
amortajar to shroud
amparar to shelter, protect
ampliar to enlarge
ancho wide
andar to walk, go (around *or* about); to be; to be in; to be going
angustia anguish
ánimo spirit; mind
ansiedad anxiety
antaño long ago
antebrazo forearm
anteojos glasses
antigualla antique
antojarse to strike one (as a fancy)
antropoide ape
anulación annulment
anunciado (*p.p. of* anunciar) advertised
apaleado whipped
aparentar to pretend, feign, give the appearance of
aparición apparition; appearance

apartar to dissuade; —se to withdraw
aparte de aside from
apellido name
apenas hardly, scarcely
apestar to stink
apiñado crowded
aplastar to crush, smash; to tread on
aplazar to postpone
apoderarse to take possession of
apodo nickname
apoplejía apoplexy
apostar (ue) to bet
aprestar to make ready, prepare
apresuradamente hurriedly
apresurarse to hurry
apretar (ie) to press
apretón: — de manos handshake
aprobar (ue) to approve; to pass (academically)
aprovechar to avail; to make use of; —se (de) to avail oneself, to take advantage (of)
apuntar to point
apurarse to hurry (up)
árabe Arabic
arcada: tener —s to retch
arco arch
ardiente burning
armar to prepare; to rig up; to set
armatoste *m.* cumbersome object
arrastrar to drag
arrebatar to snatch
arreglar to arrange, set
arrepentido repentant
arrepentimiento repentance
arrepentirse (ie) to repent
arriba up, upstairs; — de on
arrojar to toss, throw
arruga wrinkle
artimaña strategem

asaltar   to assault
asentir (ie, i)   to agree, assent
asesinar   to murder
asesinato   murder
asesino   murderer
así   thus; — **que**   so (that)
asir   to grasp
asomarse   to show up; — **(a)**   to look out (of)
asombro   surprise, amazement
aspirar   to inhale
asunto   matter
asustar   to frighten
atajar   to cut short, cut off
atender (ie)   to attend to
atinar a   to succeed in; to manage
atorrante *m.*   scoundrel
atraer   to attract
atragantarse   to choke
atravesar (ie)   to cross
atronar (ue)   to be shocking
atropellar   to trample
atroz   atrocious
aullar   to howl
aumentar   to increase
aunque   even though, although
aureola   aura
autómata *m.*   automaton
auxilio   aid
avanzar   to advance
aviso   advertisement
avivar   to inflame
azar *m.*   hazard, chance
azorado   terrified

B

bachiller   holder of the bachelor's degree
bajar   lower
balancear   to swing
balbucear   to stutter, stammer
barandilla   bannister

barbaridad   rude act or thing
bárbaro   terrible
barniz *m.*   varnish
barril *m.*   barrel
barrio   quarter, section of town
base *f.*   base, basis; **a — de**   on the basis of
basilisco   basilisk; creature
bastante   enough; quite
bastar   to be sufficient, enough
bastón   cane
basura   garbage
batirse   to fight
baúl *m.*   trunk
bautismo   baptism
bebida   drink
bendecir   to bless
bendición   benediction
bendito (*p.p. of* **bendecir**)   blessed
bestia   beast
bicho   bug
bien   well; **de —**   honest
bienvenida   welcome
bigote *m.*   mustache
blandamente   softly, gently
boca   mouth
boda   wedding
Bohemia   Bohemia
bohemio   Bohemian
bolsillo   pocket
bondadoso   kind
bordado   embroidery
bordar   to embroider
borde *m.*   edge
borrachera   drunken orgy
borracho   drunk
borrar   to erase, obliterate
bosque *m.*   forest
bostezo   yawn
brazal   armband
broma   joke
bronce *m.*   bronze
brotar   to gush

bruces: de — headlong
burlonamente mockingly
busca search

C

caballeresco gentlemanly
caballo horse
cabecear to nod
cabellera hair
cabo end; **al —** finally; **al — de**
at the end of, after
cada each ; **— cual** everyone
cacharro worthless object
caer to fall; **— en la cuenta** to
catch on
calamitoso calamitous
cálido warm
caliente warm
calmosamente calmly
caluroso warm
calzar to wear on the feet
callado (*p.p. of* **callar**) quiet
callar(se) to keep silent
cambiar to change; to exchange
cambio: en — on the other hand;
en — de instead of
camiseta undershirt
candoroso ingenuous
canoso white (referring to hair)
cansancio weariness, fatigue
cañamazo embroidered fabric
cañón *m.* barrel (of a gun)
capaz capable
capricho whim
cara face
caracol *m.* snail
carcajada outburst of laughter
cardenal *m.* welt
careta mask
cargar to carry (around)
cargo charge
caricia caress

carilla page
cariño affection
carne *f.* meat, flesh
carnudo fleshy
carraspear to say hoarsely
carrera race; career; **a la —** on
the run
cartera purse
cartero mailman
casar to match; **—se (con)** to
get married
caserón *m.* big house
caso: hacer — to pay attention
causar to cause
cautela caution
ceder to grant; to give in
ceja eyebrow
celeste sky-blue
celestina a lover's go-between
celos *m. pl.* jealously; **dar —**
to excite suspicion
cena supper
centinela *m. or f.* sentinel; **de —**
on guard
cerdo pig
cerebro brain
cerradura lock
cicatriz *f.* scar
cierto sure, certain
cine *m.* movie theatre; movies
cintura waist
cirio candle
claro light, plain, clear; **— (está)**
of course
clausurar to close
clavar to fix; to nail; **— los ojos**
stare
clave *f.* key; **— del ángulo** keystone
clavel *m.* carnation
cobrar to charge; to collect
cobre: sin un — without a cent
cocinar to cook

código code
cohibir to inhibit
cojo lame
colar(se) (ue) to filter
colcha coverlet
cólera rage, anger
colgar (ue) to hang
colmo crowning; **para —** to top
it all off
colocar to put, place
coloquio talk
comedia play, comedy
comedor *m.* dining room
comensal table companion
comenzar (ie) (a) to begin (to)
cómoda bureau
compasivamente compassionately
complicarse to involve
cómplice *m.* accomplice
comportarse to behave
comprender to understand; to
comprise
comprobar (ue) to prove
comprometer to compromise;
to endanger; **—se** to become
liable
concertar (ie) to arrange, set
up
concomer to shrug one's shoul-
ders
concurrir to come to, attend, go
to; to agree
condena sentence
condenatorio condemnatory
conducir to lead, direct
conferencia lecture
confianza confidence
confiar (en) to trust
confitería tea room
congelar to freeze, congeal
conjetura conjecture
conmover (ue) to touch or move
(emotionally)

conocido (*p.p. of* **conocer**) well-
known, familiar; *n.* acquain-
tance
conquistar to conquer
consabido in question, above-
mentioned
conseguir (i) to obtain; to manage; to achieve
consejo(s) advice
consulta consultation
contar (ue) to relate, tell
contener(se) (ie) to contain oneself, hold back
contenido contents
contiguo next, neighboring
contorno outline
contrabandista *m.* smuggler
contraprudente inadvisable
contrario: al — on the contrary
contratiempo mishap
convencer to convince
convenir (ie, i) to agree on
convertirse (ie, i) to change
— en to turn into
coquetería coquetry
corazonada hunch
corbata tie
cordón *m.* curb
corneta horn
corpulento fat
corredor *m.* salesman
correo mail
correr to draw aside
corresponder to suit; to be suitable
corrida race, sprint
corriente *f.* current
cortar to cut (off)
cortés courteous
costado side
costar (ue) to cost; **—le** to be
difficult for one
costumbre *f.* custom

crecer to grow (up)
crespón *m.* crape
cretino idiot
criatura baby
crisálida crysalis
cuadrar to suit, fit
cual which; cada — everyone
cualquiera *adj.* any; *n.* anyone
cuanto how much, how many;
— antes as soon as possible;
en — a as for
cuarentón fortyish
cuartearse to split, crack
cucaracha cockroach
cuchara spoon
cuello neck; collar
cuenta account; — de ahorro
savings account; caer en la —
to catch on; darse — to
realize
cuero leather; en —s stark
naked
cuerpo body
cuidado care; tener — to be
careful
cuidar to care for; — de to take
care of ; —se de to guard
against
cuitado poor soul
culminar to culminate
culpa fault; tener la — to be to
blame
cuñado brother-in-law; —s in-
laws
cursi vulgar, shoddy, in bad taste
curvar to curve
cúspide *f.* peak, top
cutis *m. & f.* skin

CH

chamuscado singed
charla chat, chatting

chato flat
chillar to squeak, scream, shriek
chiquilín *m.* kid
chirriar to hiss
chisme *m.* gossip
chisporrotear to give off sparks
chistido "hush"
chofer *m.* driver, chauffeur
chuscada pleasantry, joke

D

dactilógrafo typist
damisela damsel
daño harm
dar to give; — a entender to
insinuate; — con to run into;
— que pensar to make one
wonder; — vueltas a to rotate;
—se cuenta (de) to realize;
—se por enterado to find out;
—se vuelta to turn around
deber to owe; must, ought, have
to; — de must, have, must be
(conjecture); *n. m.* chore
debidamente duly
débil weak
decir to say; to tell; to call
declaración statement
declarante *n.* witness
dedo finger
dejar to let, allow; — de to
stop, quit; no — de not to
fail to
delantal *m.* apron
delante (de) in front of; before;
in the presence of
delectación pleasure, delight
delgado slender, thin
delito crime
demencia insanity
demente insane

demonio devil; **qué —s** what the deuce

demora delay

demorar to delay; **—se** to tarry, linger

departamento apartment

derecho right; law

derramar to spill

derredor: en — about, around

derretirse (i) to melt

desaforadamente impudently

desahogado relieved

desairar to slight, ignore

desalmadamente half-heartedly

desalmado inhuman

desasosiego uneasiness

desatar to let loose, untie

desayuno breakfast

desbaratar to ruin

descargar to discharge

descariñado cool

descomunal enormous

deconcertar (ie) to confuse, disturb

desconfiar(se) to mistrust; to suspect

desconocido unknown

descubierto: poner al — to bring into the open

descubrir to discover, uncover

desde since, from; **— luego** of course

desdeñosamente disdainfully

desengañar to disillusion, undeceive

desenlace *m.* outcome

desenredar to untangle, untie

desenvoltura social grace

desenvolver (ue) to unwrap

deseo desire; **tener —s de** to feel like

desesperación desperation

desfogarse to blow off steam

desgaste *m.* slow waste, wear and tear

desgracia misfortune, mishap

desgraciadamente unfortunately

desilusión disappointment

deslizar to slip

desmadejar to ennervate

desnudo nude

desorden *m.* disorder

despacio slow, slowly

despecho: a — de in spite of

despedazar to break into pieces

despedida farewell

despedir (i) to say farewell, to give off

despegar to unglue

despertar (ie) to wake up

despiadado pitiless

despierto awake

despistar to throw off the track

desplegar (ie) to unfold

desplomarse to topple over

despojar to deprive

despreciable despicable

desprecio scorn

despuntar to start out

desquitarse to make up for, take revenge for

desternillarse to split's one's sides (with laughter)

destinatario addressee

desusado idle

desvanecimiento pride

desvariar to vary

desviar to turn away

detalle *m.* detail

detenidamente carefully

detrás behind

deudo relative

devolución return

devolver (ue) to return

diablo devil; **qué —s** what the deuce

diablura clever joke
diario newspaper
dibujo drawing, sketch
dicha fortune, joy, happiness
dicho *adj.* said
difunto *adj.* deceased, dead; *n.* deceased, dead person
digno worthy; appropriate
digo *interj.* I mean
diluvio deluge
dineral *m.* small fortune
dirigirse to address
disculpa excuse
disculpar to excuse
discurso speech
discutir to discuss; to argue
diseminarse to scatter
diseño design
disgusto unpleasantness, displeasure
disimular to hide
disimulo dissimulation
disparar to rush away
disparate *m.* absurdity, nonsense
disponer to lay out, arrange; —**se** to dispose, ready (oneself)
dispuesto (*p.p. of* **disponer**) disposed, inclined
distraer to distract; —**se** to be inattentive
distraídamente distractedly
disuelto (*p.p. of* **disolver**) dissolved
diversión amusement
divertido(*p.p. of* **divertir**) amused; amusing
divertir (**ie, i**) to amuse; —**se** to enjoy oneself
doblar to fold; to turn
doblez duplicity
dolor *m.* pain; — **de cabeza** headache
dorado (*p.p. of* **dorar**) golden, gilt

dormitorio bedroom
dosis *f.* dose
duda doubt
dueño owner
dulzón intensely sweet
dulzura sweetness
durar to last, endure

E

eco echo
echar to throw (out); to cast; to pour; — **una mirada** to glance; —**se a reir** to burst out laughing; —**se atrás** to move back
educado well-mannered
efecto effect, aim; **a tal —** for such a purpose; **en —** actually, as a matter of fact
efigie *f.* image
ejercitar to exercise
ejército army
elaborar to elaborate
elegir (**i**) to select, elect
eludir to escape
ello it, the matter
embarullar to muddle
emborracharse to get drunk
emocionado excited
empeñarse (**en**) to insist (on)
empezar (**ie**) to begin
empujar to push
enano dwarf
enarbolar to wave overhead
encabritar to leap up
encantar to charm
encararse (**con**) to face, confront
encargado one in charge
encargarse de to take charge of
encender (**ie**) to light
encerrar (**ie**) to enclose; —**se** to close oneself up

encima on, on top; overhead;
— **de** over, on top of
encolerizarse to become furious
encontrarse (ue) to be
encuentro meeting
enderezarse to straighten up
enfermedad sickness
enfilar to enfilade, approach in-
directly
enfriar to grow cool
enfurecer (zc) to infuriate
engañar to deceive; —**se** to be
deceived
engañoso deceitful, misleading
engreimiento conceit
enjaretar to ramble through
enjugarse to dry, wipe off
enjuto lean
enlutado in mourning, dressed in
black
ennegrecerse to darken
enojarse to get mad
enojo anger
enredar to mix up; —**se** to get
tangled up
enrojecer to blush
ensalmo: como por — quick as a
flash
ensañarse to become merci-
less
ensartar to rattle off
enseñanza teaching
enseres *m.pl.* equipment
ensimismado wrapped up in
thought
entender (ie) to understand;
dar a — to insinuate; **no —
ni jota** to not understand
"beans"
enternecer (zc) to be moved to
pity; to be touched
enterado: darse por — to find
out; **estar —** to be informed

enterarse (de) to find out (about)
entonces then; **por ese —** around
then
entorpecer (zc) to benumb
entreabierto half-open
entrecerrar (ie) to half-close
entregar to give, hand over
entretanto in the meantime
entrevista meeting, interview
entrevistar to interview
entristecer (zc) to sadden
envenenar to poison
envoltorio parcel, bundle
envolver (ue) to wrap
epístola epistle
equipaje *m.* baggage
equívoco ambiguous
eructar to belch; to eructate
escala scale
escandalizado shocked
escándalo scandal; tumult; **hacer
—** to make a racket
escasear to be scarce
escenario scene
esclavo slave
escoba broom
escocer (ue) to smart
esconder to hide
escondidas: a — secretly
escondite *m.* hiding place
escopeta gun
escuchar to listen (to), hear
escudar to shield
escudriñar to scan, scrutinize
esfuerzo effort
esfumarse to vanish
espalda(s) back
espanto horror, fright
espantoso frightful, dreadful
espasmo spasm
especie *f.* species; kind, sort
espejo mirror
espera waiting (period)

esperanza hope; ¡ **Qué** —! Certainly not!
esperar to wait; to expect
esperpento hideous creature
espesor *m.* thickness
espiar to spy
esposo husband
espuma froth
esquema *m.* symbol; plan
esquina street corner
estallar to break out; to explode, burst
estantigua phantom
estar to be; — **por** to be about to
estatura height
este this; "er," "um" (a vocalized pause)
estentóreo stentorian, loud
estera mat
estilo: por el — of the sort, like that
estirar to stretch
estrambótico queer
estrecho narrow
estrenar to première; —**se** to "break in"
estrépito din
estupefacto stupefied
evitar to avoid
excitarse to become excited
excomulgado excommunicated
exhalar to emit
exigir to require; to demand
éxito success; **tener** — to be successful
explotar to exploit
exprimir to squeeze
extraer to extract
extrañar to surprise
extraño strange, odd
extraviado: ojos —**s** eyes out of focus

F

fabricar to manufacture, create; to fabricate, devise
facilitar to provide
fachada facade
faltar to lack, be lacking
falleba shutter bolt
fallecer to die
fama fame
fantasma *m.* phantom, ghost
farfullar to gabble, jabber
farmacia drugstore
fastidiar to annoy, vex
fechoría villainy
felicitar to congratulate
feo ugly
feria fair
festejar to celebrate; to greet; to enjoy
fiarse (de) to trust
fiebre *f.* fever
fijar to fix, fasten; to determine, establish; —**se en** to notice
fijo (*p.p.* *of* **fijar**) fixed; *adv.* fixedly
filósofo philosopher
fin *m.* end, ending; **por** — finally
fingimiento pretense
fiscal *m.* district attorney
fisonomía features
flaco thin, skinny
flamante brand new
flautear to twitter
florero flower vase
folletín serialized story
fonda inn
fondo back, background
forcejar to struggle
forjado: hierro — wrought iron
formulario form, blank
franco frank
frasco bottle

frente *f.* forehead
frutecer to flower; to bear fruit
fuego fire
fuerza strength; **a — de** by dint of
fugaz fleeting
fulano so-and-so
fundir(se) to melt
furor *m.* fury, rage, madness
fusilar to shoot

G

galán *m.* gallant
galpón *m.* shed, outbuilding
gallo rooster; **— de riña** gamecock
ganancia earning
ganar to gain; to achieve
ganas: tener — (de) to be anxious (to)
garito gambling den
gastar to spend; to wear
gasto expenditure; **ponerse en —s** to put oneself out
gato cat
gemido moan
gemir (i) to moan
género sort, "style"
genialidad genius
gentileza courtesy
gesticular to gesture
gimotear to whine
girar to revolve, rotate, turn
globo globe, sphere
goce *f.* pleasure, enjoyment
golpe *m.* blow; **de —** all of a sudden
goma rubber
gorjear to warble
gorra cap
gota drop
gozo enjoyment

gracia amusement; **hacer — to** amuse
grave serious
griego Greek
grosero coarse, rude
grueso thick, fat
guardar to keep; to have in one's possession; to protect
guardarropa checkroom, coatroom
guasada jest
guerra war
gurrumino child
gusano worm
gusto taste; **a —** at will; to one's liking
gustoso *adj.* willing; *adv.* willingly

H

haba lima bean
haber: hay que to be necessary to
habitación room
habladuría jabbering
hace ago; **¿cuánto —?** how long ago?
hacer to do; to make; **— caso (de)** to pay attention (to) **—se** to become; to grow; **—se el (+ n.)** to play the (+ n.); **—se a un lado** to move aside
hado fate, destiny
halo halo, circle
hambre *f.* hunger; **pasar — to** go hungry; **tener — to** be hungry
hasta even; until
hecho fact, event
hechura creature, creation
herejía heresy
herir (ie, i) to wound
hervir (ie, i) to boil
hiel *f.* bitterness, malice

hierro iron
hilo thread
hipar to hiccough
hiperestésico excessively sensitive
hirviente (*from* **hervir**) boiling
hogar home
hoja leaf, sheet
hondo deep
honorario fee
honrado honorable
horrorizado horrified
hospedería boarding house
hueso bone
huésped roomer, guest, boarder
húmedo humid
hundir to submerge, sink
hurgar to poke
huir to flee, run away

I

idilio idyll, romantic affair
idiotizarse to become stupid
ignorar to be unaware of
iluminar to light, illuminate
impacientarse to grow impatient
impedir (**i**) to stop, impede
importar to be important; to concern; **no importa** it doesn't make any difference
imposibilitar to disable; to prevent
impúdicamente shamelessly
impulsar to impel
impunemente with impunity
inadvertido unobserved
incendiar to set fire to
inclinarse to lean
incluso even; included, including
inconfundible unmistakeable
incorporarse to sit up
indeciso hesitant
indicio indication, clue, sign

indirecta insinuation, innuendo
índole *f.* kind, sort
inducir (**zc**) to induce
inesperado unexpected
infaltable ever-present, reliable
infeliz *adj.* unhappy; *n.* wretched person
inflar to inflate
ingrato ungrateful
inmóvil motionless
inmundo dirty
insinuar to suggest
insólito unusual
instalar to install, settle
instantánea snapshot
instruido educated
instruir to instruct
insufrible insufferable
integrar to compose
intentar to try, attempt
interpolar to interpolate
interrumpir to interrupt
introducirse to enter
intuir to perceive by intuition
iracundo angered
irrecuperable irrecoverable

J

jadear to pant
jadeo panting
jaileife *m.* dude
jaleo "scene"
jarabe *m.* syrup
jarana revelry
jaula cage
jota: no entender una — not to understand "beans"
joya jewel
jubilado retired
juego game
juicio judgment
juntarse to get together

juramento oath
jurar to swear, vow
justamente just
justo just
juzgar to judge

L

ladeado inclined to one side
lado side, direction
ladrón thief
lamparilla small lamp
lánguidamente languidly
lanzar to throw, toss; to let out
lapicera pen
largamente at length
largo long; **a lo — de** in the course of
latir to beat
lavado washing
laxo lax
lecho bed
legua: a la — a mile away
lejano distant
letrero sign
letrita (*dim. of* **letra**) handwriting
levantar to raise
leve light, slight
ley *f.* law
librar to liberate, free; **—se** to free oneself of
libreta small book, bank book
licor *m.* liqueur
lienzo canvas
lindo pretty
linfático lymphatic
liso smooth
listo ready, finished
liviano light
locuacidad talkativeness
locura madness, foolish thing
lograr to succeed
loro parrot

lúcidamente lucidly, clearly
lucirse (zc) to show off
luchar to struggle
luego later, afterwards, therefore;
  desde — of course
lúgubre gloomy
lujo luxury
lustroso shiny
luto mourning; **estar de — riguroso** to be dressed entirely in black
luz *f.* light

LL

llama flame
llamada call
llanto weeping
lleno full
llevar to carry; to wear; to bring;
  —se to get along
llorar to weep
lloroso tearful

M

macana nonsense
maceta flowerpot
madeja "fabric"
madrugada early morning hours; dawn
malcriar to spoil
maldición curse
malestar *m.* uneasiness
malévolo evil, malevolent
malhadado unfortunate
malhumorado ill-tempered
malignidad perversity
manar to pour forth
mancha splotch, spot, stain
manchar to soil
mandón domineering
manejar to manage; to drive
manga sleeve
maniobra operation, scheme

maniquí *m.* figure
mano *f.* hand; coat (of paint, varnish, etc.)
manosear to handle
manso mild, gentle
mantel *m.* tablecloth
maña knack
mar *m. and f.* sea; **la — de** a great deal of
marco picture frame
marido husband
mármol *m.* marble
martirio martyrdom
masa pastry
mascar to chew
mascullar to mumble
matasellos *m.* postmark
mayor greater, greatest; elder; eldest; **— de edad** of age
media hose; **— corrida** hose with a run
mediación intercession
medianoche *f.* midnight
mediante by means of
medias: a — halfway
medio means; **en — de** in the middle of
mejilla cheek
mejor better, best; **a lo —** perhaps, maybe
mendigo beggar
menear to nod
menesteres *m. pl.* employments
menjunje *m.* concoction
menor least; youngest
menos less; **al —** at least; **no poder — de** not to be able to help but
mensaje *m.* message
mente *f.* mind
mentir (ie, i) to lie
mentira lie
merecedor deserving

mesita: — de luz night table
meter to put, place; **—se** to meddle, intrude, interfere; to enter
metro meter (slightly more than 3 feet)
mezclar to mix
miedo fear; **dar —** to frighten; **tener —** to be afraid
mientras while
miga: hacer buenas —s to have an understanding with
minué minuet
mirada glance
miramiento prudence
mirar to look; **— por** to look out for
mismo same, -self, very; **él —** he himself
mitigar to mitigate, reduce
mito myth
mocoso brat
modo manner, way; **de — que** so (that)
modoso well-behaved
mojado moist
mojar to moisten, wet
molestar to bother
molestia bother, trouble
momento moment; weight; importance
momia mummy
mona "binge"; old maid
mono monkey
monstruo monster
moribundo dying
morir (ue, u) to die
moro Moorish
mostrar (ue) to show
mozo lad; **buen —** good-looking
mucama female servant, maid
mudarse to move
mudo mute, speechless, silent

mueble *m.*   piece of furniture
muerto (*p.p. of* **morir**)   dead; *n.*
   dead person
muestra   indication
mugriento   filthy
mujeruca   coarse woman
mujerzuela   little woman
mula   mule
mundo   world
muñeca   wrist; doll
murmullo   murmur
mutación   mutation, change

N

nacer   to be born
nada *f.*   nothingness
narices *pl. of* **nariz**
nariz *f.*   nose
navajazo   thrust of a knife
negar (ie)   to deny
negocio   store; —s business.
negruzco   blackish
ninguno   no; not any; any
noviazgo   engagement
novio   fiancé
nuca   nape of the neck
nudo   knot
nuevamente   once again
número   number

O

oculto (*p.p. of* **ocultar**)   hidden
ocurrir   to occur
oficio   occupation
ofrecer (zc)   to offer
ojo   eye, keyhole
óleo   oil
oler (hue)   to smell
olor *m.*   odor
olvidarse   to forget
onduladamente   in a wavy fashion

oporto   port
oprimir   to squeeze
optar (por)   to choose
óptica   optics
oreja   ear
orgullo   pride
oro   gold; golden
oscurecerse   to grow dark
oscuro   dark; a —as   in the dark
ostentar   to exhibit

P

padrenuestro   the Lord's Prayer
padrino   godfather; best man;
   witness
paf *interj.*   pow!
página   page
pago   payment
palabrota   crude word
palacete *m.*   miniature palace
paloma   dove
pantalla   screen
pañuelo   handkerchief
par   pair
parado: estar —   to be standing
parecer (zc)   to seem;   *n. m.*
   opinion; al —   apparently
parecido   resemblance
pared *f.*   wall
pariente *m.*   relative
parlanchín   talkative
párpado   eyelid
participar   to notify
partícipe   participant
partida   certificate
partir   to split
pasajero   fleeting
pasar   to pass; to happen; —
   hambre   to go hungry
pasear   to stroll, walk
pasillo   hallway, corridor
pasmar   to astound

paso step; **dar un —** to take a step
pastilla tablet
patadita tap (with the foot)
pavor *m.* fear, terror
paz *f.* peace
pecaminoso sinful
pecho breast
pedazo piece
pegar to stick, fasten
pelar to pare, peel
pelea fight
pelear(se) to fight
peligro danger
pelusilla fuzz
pellizcar to pinch
pellizco pinch
pena penalty
penosamente painfully
pensamiento thought
pensar (ie) to think; **dar que —** to make one wonder
pensión "board"; boarding house
pensionista boarder
penumbra half shadow
peor worse
percibir perceive
peregrinación pilgrimage
perfil *m.* profile
perito expert, authority
perjuicio prejudice; injury, damage
perlas: de — ideal
permanecer to remain
pesadilla nightmare
pesado heavy
pescado fish
pescar to fish (out)
pésimo very bad, very worst
peso weight; Argentine monetary unit
pestañear to blink
picaporte *m.* spring latch

picar to sting
picardía roguish act
pícaro rogue
pico bit, fraction, slight amount over or beyond
pie *m.* foot; **de —** standing
piedra stone; block
piel *f.* skin
pieza room; piece
píldora pill
pimpante jolly
pincelada brush stroke
pintarse to apply cosmetics, make-up
pintor painter
pintorrea daub
pintura painting
placer to please; *n. m.* pleasure
plancha iron
planchado ironing
planchar to iron
planta plant; floor; **— baja** ground floor
plantear to state
pleito argument
plenamar high tide
plenamente completely
pliego sheet
plumero feather duster
poblar to populate
pocillo cup
poder to be able; **no — menos que** to be not able to help but
poderío might; domination
poderoso loud, powerful
pólvora powder
poner to put, place; **—se** to become, turn; **—se a** to begin to
porfiadamente obstinately
porquería filth
portero porter; building custodian

pos: en — a behind
posar to rest; pose
poseer to possess
postizo false hair; **negocio de —s** artificial hair shop
precio price
precioso precious, valuable; beautiful
predilección predilection
preferir (ie, i) to prefer
preguntar to ask, question
prendas *f. pl.* natural gifts
preocupar to concern; **—se (de)** to be worried (about)
preparado preparation
presenciar to witness
presentar to present; to display **—se** to appear
pretender to court
prevalecer (zc) to prevail
primerizo beginner, novice
primo cousin
prisa haste, speed; **tener —** to be in a hurry
probar (ue) to try on or out; to sample
procurador *m.* solicitor
procurar to try, endeavor
profundo profound, deep
proliferar to be abundant
prolijo overcareful
prontitud promptness
propaganda advertising
propietario proprietor
propio own; -self (e.g., **el propio pintor** the painter himself)
propósito purpose, intention; **a — ** by the way; **de —** on purpose
prorrumpir to burst out
proseguir (i) to continue

provecho benefit; **de —** profitable
prueba proof; trial, test; **poner a —** to put to the test
pudor modesty; decorousness
pudrir(se) to rot
puerco swine
pueril childish
pues since
puesto post
pulgar *m.* thumb
punta point; tip, top; twinge
punto: en — "sharp"
pureza purity
púrpura purple
puta slut

Q

qué; ¿— tal? how; what kind; how are things?
que: ya — since
quebrar (ie) to break, shatter; disturb
quedar(se) to remain; to be: to "look"
quejumbrosamente plaintively
quienquiera whoever
quizá perhaps

R

rabia rage
rabioso angry, furious
raíz *f.* root
rama branch
raptar to kidnap (a woman)
raro odd, strange, rare
rascar to scratch
rato while; **a cada —** continually
razón *f.* reason; **tener —** to be right
reaccionar to react

reanimar to cheer up
recién recent, recently
reciente recent
reclamar to claim; to demand
recobrar to recover
recoger to pick up, gather; —se to retire
reconcentrado intense
reconciliado reconciled
recorrer to travel over, cover; to go across, through
recuenta inventory
recuerdo souvenir
recurrir (a) to resort (to)
rechazar to refuse, turn down
redondo round
referir (ie, i) to refer, to relate
reflejo reflection
reflexionar to reflect
refugio refuge; traffic island
refulgir to shine, glisten
regañar to scold
reglamento rules
regocijo joy
reinar to reign
relampaguear to flash
remedio remedy; **no tener más —** to have no choice but to
remitente *m.* sender
rencor *m.* animosity
rencorosamente rancorously
rengo lame
rengueante limping
reñir (i) to scold; to fight; to quarrel
reojo: de — askance
reparar to note
repente: de — suddenly
repentino sudden
repleto full, filled up
reponer to reply
reposado calm
represión control

reprimir to repress
resentido resentful person
resorte *m.* spring
respecto respect; **al —** in this respect
respirar to breathe
restaurador restorer
resultar to turn out; to happen
retirarse to retire, withdraw
retocar to retouch
retorcido twisted
retrato picture; **— al óleo** oil painting
retroceder to draw back
retroscópico rear-viewing
reventar (ie) (de) to spill over (with)
reverencia: hacer una — to bow
revisar to search, examine
revista magazine
revoleo rolling
revolver (ue) to turn over
revuelto scrambled; mussed
ricacho rich old man
rigor *m.* strictness
riguroso strict, rigorous
rincón *m.* corner
riqueza wealth, riches
risa laugh; laughter
risotada loud laughter
robar to steal
rodear to surround
rogar (ue) to beg, plead
romper to break, smash; **— a** to start out; to break out
roncar to snore
ronco hoarse
ropero closet, wardrobe
rosado rosy
rosario rosary; string
rostro visage, countenance
rozar to rub, brush
rubicundo red-cheeked

rubio blond
ruborizarse to blush
ruptura rupture, breaking

S

sábana sheet
sabio wise person
sacar to take out; to infer
sacudir to shake
sagrado sacred
saldo balance
salida exist, sally
salmo psalm
saltar to jump, leap; to blurt out
salto leap, jump
saludar to greet
saludo greeting
salvar to save
santiamén *m.* jiffy
sastrería tailor shop
sé (*imp. of* ser) be
secamente drily
secas: a — just plain
seco dry
sedoso silky
seguida: en — immediately
seguir (i) to continue, go on; to remain
según according to
seguro sure, surely; **— que** to be sure; **—s** insurance
selva jungle
semejante similar; such (a)
semidiós demigod
sensible sensitive
sentenciar to declare
sentir (ie, i) to feel (with any of the senses); to sense; **—se** to feel
seña sign, mark; **—s** address
señor; — mío my good fellow; sir

señoría: su — his lordship
serio serious; **en —** seriously; **¿en —?** really? no kidding?
serpiente *f.* serpent
servilleta napkin
servir (i) to serve
sidra cider
siempre always; still
sien *f.* temple
sigilosamente secretly
siglo century
silla chair
sillón easy chair
sino but; except
siquiera at least; **ni —** not even
sobre *m.* envelope
sobresaltado frightened
sobrescrito address
sobretodo overcoat
sobrino nephew
socorro help
solapa lapel
solas: a — alone
soleado sunny
soler (ue) to be accustomed to
solo alone, single
soltar (ue) to let go of
soltero bachelor
solterona old maid, spinster, unmarried woman
sollozar to sob
sonar to sound; to ring: **—se la nariz** to blow one's nose
sonido noise
sonreírse (i) to smile
sonso stupid person
sopera soup bowl
sopesar to heft
sorber to sip; to swallow
sordamente silently
sordo deaf
sorpresa surprise

sospechar to suspect
sostener to hold
sótano basement
subido mounted
súbitamente suddenly
suceder to occur
suciedad dirt, grime
sucursal *f.* branch
sudar to sweat
sudario shroud
sudor *m.* sweat
suela sole
suelo floor
sueño sleep, dream; **tener — to be sleepy**
sufrir to suffer
sugerir (ie, i) to suggest
sujetar to grasp
sumar to add
sumo utmost
suplicar to beg
suplir to supply, furnish
suponer to suppose, assume
suspirar to sigh
suspiro sigh
sustantivo noun
sustento living
susurrar to murmur, whisper

T

taco heel
tacho: — de basura trash can
tal such, such a; **¿qué —?** how are things? what kind (of)
tallar to carve; **sin — uncut,** uncarved
tallarines *m. pl.* noodles, spaghetti
taller studio
tamaño size
tambalear to stagger

tanto so much, as much, as many; **— mejor** so much the better; **al —** up to date; **otros —s** as many more
tarea job, task
tarjeta card
taza cup
techo roof
tedio tediousness
tejer to knit
tela canvas
telepatía telepathy
tema *m.* subject, theme
temblar to tremble
temblón wavy
temer to fear
tender (ie) to extend, stretch out
tenedor *m.* fork
tener to have; **— agallas** to have the nerve to; **— arcadas** to retch; **— cuidado** to be careful; **— éxito** to be successful; **— la culpa (de)** to be to blame (for); **— miedo** to be afraid; **— razón** to be right; **— sueño** to be sleepy; **no — más remedio que** to have no choice but to
tenorio ladies' man
tentación temptation
teoría theory
terciar to join in (a conversation)
terminadamente positively
terminar to finish; **— por** to end up by
terneza endearment
tesis *f.* thesis
testarudo stubborn
tiempo time; **a —** on time
tierno tender, young
tieso stiff
timbre *m.* bell
timidez *f.* timidity

tipejo character
tipo guy, character
tiroteo shooting
titubear to hesitate
título title
tocar to touch, feel
tomar to take, drink
tonto stupid
torcido twisted
tormenta storm
tornasol "blush"
torpe slow
toser to cough
trabajado wrought
trabajosamente with great effort
traer to bring, carry
traicionar to give away, betray
traje suit; dress; — **de fiesta**
party dress
tramar to plan, plot
trampa ruse, trick, trap
tranquilizarse to calm down
transcurrir to pass
transeúnte passer-by
tranvía streetcar
trapo rag
tras behind, after
trasladar to transfer; to move
trasluz: al — against the light
traspirar to perspire
trastienda backroom (workshop)
trastornar to upset; to damage
tratar to treat; **—se de** to be a
question (matter) of
través: a — through
travesura prank
travieso mischievous
traza looks, appearance
trenza tress
triquiñuela subterfuge
trofeo trophy
tropezar (ie) to stumble; — **con**
to meet with

turba mob
tutear to speak to in the intimate
(tú) form of address
tuya thuya (Arbor vitae)

U

ubicar to be located
umbral *m.* threshold
unirse to join, to wed
uña fingernail

V

vacilar to hesitate
vacío *adj.* empty; *n.* vacuum,
empty space
vagamente vaguely
vaho fume, vapor
valer to be worth; — **la pena**
to be worthwhile
valija suitcase
valijín *m.* bag
vamos *interj.* well; come, now
vano: en — in vain
vario(s) various, several
vecino *adj.* adjacent
vedar to forbid
vela candle
velorio wake
velozmente rapidly
vencer to conquer; to defeat; to
win
ventaja advantage
ver: a — come, now; let's see
verdadero true, real, authentic
vereda sidewalk
vergonzoso bashful; shameful;
disgraceful
vergüenza shyness
vértigo dizzyness
vestir (i) to dress
vez *f.* time; **a mi —** in turn

víbora viper; perfidious person
vidrio glass
vientre *m.* belly, abdomen
viga beam, rafter
vigía vigil
vigilancia surveillance
vigilante *m.* policeman
vigilar to observe; to keep watch on; to spy
violar to violate
virar to wheel, turn
visita visitor
vista sight, glance
vistazo glance; **echar un —** to glance
visto: por lo — apparently
vitrina: en — under glass
viuda widow
viudo widower
vivaracho sprightly
vocear to call out
vociferar to shout
volante *m.* steering wheel; advertising circular
volar (ue) to fly

volcar (ue) to upset, overturn
volver (ue) to return, turn; **—se** to turn around
voz *f.* voice; **a voces** clamorously
vozarrón *m.* booming voice
vuelta turn; change; **dar —** to turn; **dar —s a** to rotate; **dar la —** to turn, return; **estar de —** to be back; **darse —** to turn around

Y

ya already, now
yale *f.* lock
yedra ivy
yendo (*ger. of* **ir**) going

Z

zafarse to escape, run away
zarandajas *f. pl.* small related matters
zopenco dolt
zozobra worry

ADDENDA

afán *m.* anxiety, eagerness
aislar to isolate
atreverse (a) to dare (to)

burlarse to mock; to make fun of

caber to go into; to fit
ciego blind

derribar to throw down, knock down

estar to be; **— por** to be about to

figurarse to imagine; to fancy
firme: en — definitive, concrete
forma shape; manner, way

herencia inheritance

infundir to infuse; to instill
integrar to make up

junto near; — **a** next to, by, beside

lechuza owl

llaga thorn

más more; — **allá** beyond
menear to wag, waggle
mismo same; **mañana misma** no later than tomorrow

obispo bishop

palmear to clap; to pat
paraje *m.* place, part
partir: a — de starting from

por for; by; — **el estilo** like that; — **lo visto** apparently; **estar** — to be about to
principio beginning; **en un** — at first

quedamente softly, gently

reojo: de — askance
risueño smiling

salir to leave; to come out; to appear
según according to; — **lo supe** as I found out

tiempo time; weather; **al poco** — after a short while
trapo rag; **a todo** — with all one's might
trocar to change

zapatón clodhopper